Rebecca Kosche

KleinKinderLeicht

dein Familienwegweiser in Nürnberg

Kleinkinderleicht

Rebecca Kosche

dein Familienwegweiser in Nürnberg

Bibliografische Information der Deutschen Nationalbibliothek:
Die Deutsche Nationalbibliothek verzeichnet diese Publikation in der Deutschen Nationalbibliografie; detaillierte bibliografische Daten sind im Internet unter http://dnb.dnb.de abrufbar.

Verlag: BoD · Books on Demand GmbH, Überseering 33, 22297 Hamburg,

bod@bod.de

Druck: Libri Plureos GmbH, Friedensallee 273, 22763 Hamburg

ISBN: 978-3-8192-2603-8

Inhalt

VORWORT

Willkommen im urbanen Dschungel der Großstadt!

Als Eltern von Kleinkindern stehen wir oft vor der Herausforderung, unsere Kleinsten in einer hektischen und schnelllebigen Umgebung zu beschäftigen und zu unterhalten. Wenn du in Nürnberg lebst und auf öffentliche Verkehrsmittel angewiesen bist, neue Orte erleben möchtest oder dir nur ein bestimmtes Zeitfenster für Unternehmungen zur Verfügung steht, ist dieser Wegweiser genau das Richtige. Das Buch ist ausschließlich auf die Großstadt Nürnberg bezogen. Ohne Berücksichtigung weiterer Ausflugstipps der benachbarten Städte und der Metropolregion. Im Gegensatz zu anderen Reiseführern und Ratgebern möchte ich dir einen Einblick in die Vielfalt der Stadt Nürnberg geben und eine breite Palette an Informationsmaterial und Inspirationen für den Alltag mit deinem Baby – bis hin in das Kleinkindalter in allen Lebenslagen geben.

Viel Spaß beim Entdecken und Erleben!

Rebecca Kosche lebt und liebt die Stadt Nürnberg. Die gebürtige Fränkin und Gesundheitspädagogin ist eine berufstätige Mama von zwei Kleinkindern. Sie ist mit ihren Kindern viel unterwegs und besonders gern im Grünen. Dabei erleben sie zusammen die schönsten und geheimnisvollsten Ecken Nürnbergs.

SYMBOLE

 Aktivität auch bei schlechtem Wetter

 Rückzugsort/ Stillmöglichkeit

 Aktivität bei schönem Wetter

 Schlitten fahren

 Aufzug

 teuer/ kostspielig

 Barrierefrei

 Toilette

 günstig/ preiswert

 Wickelplatz

 keine Parkmöglichkeit für PKW

 Parkmöglichkeit für PKW

allgemeiner Hinweis:
Öffnungszeiten sowie explizite Daten für Feste und Veranstaltungen können je nach Saison abweichen. Am besten telefonisch oder in den sozialen Netzwerken rückver-sichern.

1. Nürnberg in Zahlen

In Nürnberg leben rund **541.000** Menschen und ist die zweitgrößte Stadt in Bayern.

Die stärkste Altersgruppe: 30- bis 59-Jährigen.

rund **5%** der Nürnberger Bevölkerung besteht aus der Altersgruppe 0 bis 6 Jahren.

Das Stadtgebiet umfasst **186,4 km²**.

Und neben Wohnbauflächen, Straßen, Industrie- und Gewerbebetrieben sind **15,2%** Wald, **8,2%** Erholungsflächen und **1,9%** Wasserflächen.

Quelle:
Referat für Jugend, Familie und Soziales 2023. Amt für Stadtforschung und Statistik der Städte Nürnberg und Fürth (Jahr 2022)

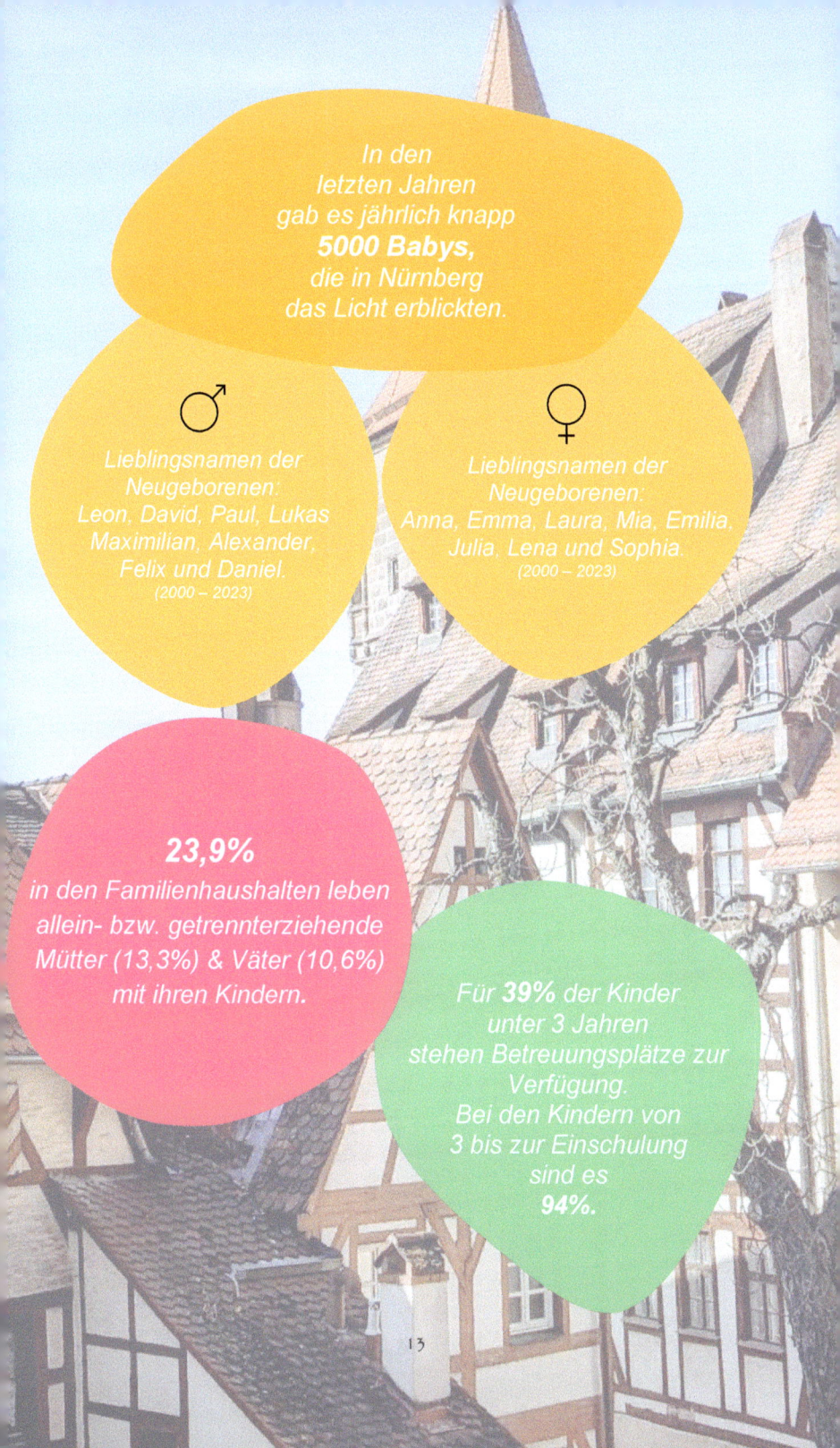

In den
letzten Jahren
gab es jährlich knapp
5000 Babys,
die in Nürnberg
das Licht erblickten.

♂

Lieblingsnamen der
Neugeborenen:
Leon, David, Paul, Lukas
Maximilian, Alexander,
Felix und Daniel.
(2000 – 2023)

♀

Lieblingsnamen der
Neugeborenen:
Anna, Emma, Laura, Mia, Emilia,
Julia, Lena und Sophia.
(2000 – 2023)

23,9%
in den Familienhaushalten leben
allein- bzw. getrennterziehende
Mütter (13,3%) & Väter (10,6%)
mit ihren Kindern.

Für **39%** der Kinder
unter 3 Jahren
stehen Betreuungsplätze zur
Verfügung.
Bei den Kindern von
3 bis zur Einschulung
sind es
94%.

2.

Parks und Grünflächen mit KleinKind Besonderheiten

Stadtpark

Bayreuther Straße, 90409 Nürnberg

Ein Areal zum Klettern und Toben

Neben dem Berliner Platz liegt der Nürnberger Stadtpark. Ein Ort für die ganze Familie. Er eignet sich gut für Spaziergänge und bietet viele Spielmöglichkeiten. Der Park ist mit seinem künstlich angelegten See und den bunt gewachsenen Blumenbeeten schön gestaltet. Dank der markanten und großgewachsenen Bäume gibt es viele schattige Plätze. Für viele Kleinkinder bleibt das Highlight die beiden Spielplätze mit vielen Klettermöglichkeiten, Brücken und Rutschen.

Hinweise und Besonderheiten:
- der kleine Kiosk versorgt dich mit kühlen Getränken, Snacks und Eis.
- das Stadtparkrestaurant Parks ermöglicht eine Einkehrmöglichkeit mit Terrasse.
- die kleinen Seen sind künstlich angelegt und nicht fürs Baden geeignet.

MAXFELD

ANFAHRT

ÖPNV:
U2 │ Haltestelle Rennweg
PKW:
Parkmöglichkeiten in den umliegenden
Straßen

Dutzendteich

Am Dutzendteich, 90478 Nürnberg

Wo früher einst der Tiergarten war, liegt heute ein schöner Park mit Weiherlandschaft

Der Dutzendteich schreibt Geschichte: In den 1930er-Jahren musste der dort angesiedelte Tiergarten wegen des Ausbaus des Reichsparteitagsgeländes weichen. Die Weiherlandschaft musste in dieser Zeit erheblich verkleinert werden. Die granitgepflasterte Aufmarschstraße teilt ihn seitdem in den großen und den kleinen Dutzendteich, mit einer max. Tiefe von 4 Metern sowie weiteren kleinen Weihern und dem Silbersee. Der Silbersee steht in Verbindung zum nahegelegenen Hügel Silberbuck. Er ist ein aufgetürmter Schuttberg aus der im zweiten Weltkrieg zerstörten Südstadt und aus den Nachkriegsjahren. Der Abfall ist für die Verseuchung des Silbersees verantwortlich. Denn aus dieser Deponie sickert das schadstoffhaltige Wasser in den See. Mittlerweile ist der Silberbuck ein Aussichtspunkt und kann im Winter auch zum Schlitten fahren genutzt werden.

ANFAHRT

ÖPNV:
Tram 8+5, Bus 36 | Haltestelle Doku-Zentrum
Bus 45 | Haltestelle Volksfestplatz
S3 | Haltestelle Dutzendteich
PKW:
gebührenpflichtige Parkmöglichkeiten an der Meistersingerhalle, Schultheißallee oder am nahegelegenen Möbelgeschäft.

DUTZENDTEICH

Hinweise und Besonderheiten:

- o auf der Seite des kleinen Dutzendteichs befindet sich ein schön angelegter Spielplatz. Unmittelbar in der Nähe ist eine öffentliche Toilette und Kiosk Kalle, der in den Sommermonaten Erfrischungsgetränke, Pommes, Eis und vieles mehr anbietet.
- o Einkehrmöglichkeit im Gutmann: Gaststube mit Biergarten in der *Bayernstraße 150*.
- o es sind ausgeschilderte Grillzonen mit Kohlemülleimer vorhanden.
- o Im Sommer gibt es den Bootsverleih am großen Dutzendteich und lädt zum Tretboot fahren ein.
- o Schwimmen in den Gewässern ist nicht gestattet.
- o im Juni findet das Festival Rock im Park statt. Zu dieser Zeit ist der Park nicht zugänglich.
- o im Juli findet das alljährliche Rennen auf dem DTM Stadtkurs Norisring statt und geht mit einer hohen Besucherzahl und einer enormen Lautstärke einher.
- o der Dutzendteich befindet sich in der Nähe des Fußballstadions, sodass zu den Heimspielzeiten des FCN am See, im ÖPNV und im Gutmann ein erhöhter Andrang an Fans herrscht.

Hummelsteiner Park

Hummelstein 46, 90461 Nürnberg

Ein liebevoll angelegter botanischer Garten lädt zum Verstecken Spielen ein.

Der Park liegt beinahe versteckt in der dicht bebauten Nürnberger Südstadt. Hier kannst du die Seele baumeln lassen und zur Ruhe kommen. Besonders an den Vormittagen ist es ruhig und du kannst die Vögel zwitschern hören. Für Kleinkinder gibt es unter anderem den Spielplatz zu entdecken. Doch das Highlight bleibt der kleine Barockgarten, der zum Verstecken spielen einlädt.

Hinweise und Besonderheiten:
- o durch Baumaßnahmen ist seit kurzem ein dritter Zugang mit Teilsanierungen geschaffen.
- o das kleine Schloss kann nicht besichtigt werden.
- o Neben dem Park, fußläufig entfernt, liegt der kinderfreundliche Hummelsteiner Biergarten.
- o der Park ist nicht immer zugänglich. Am Abend werden die Tore geschlossen.

HUMMELSTEIN

ANFAHRT

ÖPNV:
U1 │ Haltestelle Maffeiplatz
PKW:
Parkmöglichkeiten
in den umliegenden Straßen

Marienbergpark

Marienbergstraße, 90411 Nürnberg

Im Sommer grillen - im Winter rodeln

Mit 1,2 Quadratkilometer ist der Marienbergpark der größte Park in Nürnberg und liegt im Norden der Stadt. Im Sommer kannst du am Wasserspielplatz planschen oder Minigolf spielen und im Winter am Marienbuck Schlitten und am Weiher Schlittschuh fahren. Der Marienbuck ist ein aufgetürmter Schuttberg aus dem im zweiten Weltkrieg zerbombten Flugplatzes und aus den Nachkriegsjahren.

Hinweise und Besonderheiten:
- o in der Nähe des Spielplatzes bietet in den Sommermonaten ein kleiner Kiosk unter anderem Erfrischungsgetränke und Eis an.
- o die öffentliche Toilette ist am Falknerweg, in der Nähe des Spielplatzes.
- o es gibt ausgeschilderte Grillplätze mit Kohlemülleimer und Hundewiese.
- o im Park ist die Gärtnerei Tante Noris versteckt, die ein familienfreundliches Café und einen spielerischen Außenbereich anbietet.

ANFAHRT

ÖPNV:
Bus 46 | Haltestelle Marienbuck
U2 | Haltestelle Nordostbahnhof *(längerer Fußweg)*
PKW:
Parkmöglichkeiten an der Braillestraße, an der alten Zulassungsstelle

MARIENBERGPARK

Wasserspielen – Parcours – Picknicken

Kurz nach der Hallerwiese in Richtung St. Johannis kann die Pegnitz beobachtet werden und an jeder Ecke versteckt sich eine neue Überraschung für Kleinkinder. Vom Spazieren gehen bis hin zum Rad fahren kann weitläufig und naturnah entlang der Pegnitz in Richtung Fürth die Natur erforscht und zwischendurch auf den Grünflächen Pausen eingelegt werden. Die Wiesen entlang der Pegnitz in Richtung Fürth sind naturnah und sehenswert.

Hinweise und Besonderheiten:
- es gibt ausgeschildert Grillplätze mit Kohlemülleimer sowie ausgeschildete Hundewiesen.
- auf der Höhe Theodor-Heuss-Brücke gibt es einen Wasserspielplatz, einen Kletterparcours, ein Wasserrad sowie auch eine öffentliche Toilette.

ANFAHRT

ÖPNV:
Tram 6 | Haltestelle Westfriedhof
PKW:
Parkmöglichkeiten in den umliegenden Seitenstraßen

ST. JOHANNIS

Cramer-Klett-Park

Äußere Cramer-Klett-Straße, 90489 Nürnberg

Eine kleine Oase zum Planschen und Picknicken

Nach der Sanierung vor einigen Jahren wurde der Park um einiges verschönert. Der Brunnen und der Wasserspielplatz sind seither zur Beliebtheit von Kindern geworden. Die Grünfläche bietet hervorragende Möglichkeiten zum Picknicken, Ball spielen, Toben oder einfach zum Entspannen in der Sonne an.

Hinweise und Besonderheiten:
- o der Park ist auch ein beliebter Ort für feiernde Gruppen zur späten Stunde. Deshalb kann es passieren, dass am Folgetag Scherben an den Wasserfontänen vorzufinden sind.
- o obwohl das Rauschen der Autos im Ohr klingt, kann man hier wunderbar entspannen und es besteht keine große Gefahr für Kinder. Denn der Spielplatz ist umzäunt und der Park mit Bäumen und Sträuchern umbettet.
- o im Park gibt es keine öffentliche Toilette.

WÖHRD

ANFAHRT

ÖPNV:
U2+U3 | Haltestelle Rathenauplatz
Bus 36 | Haltestelle Harmoniestraße
PKW:
Parkmöglichkeiten z.B. am Kesslerplatz,
Äußere Cramer-Klett-Straße.

Luitpoldhain

Luitpoldhain, 90478 Nürnberg

Einblick in die Geschichte & Erholung für die Familie

Der Luitpoldhain ist der älteste Teil des Reichsparteitagsgeländes und war die erste Arena, in der die Reichsparteitage stattgefunden haben. Hier fanden Massenaufmärsche von NS-Verbänden mit bis zu 150.000 Teilnehmenden statt. Doch in der Nachkriegszeit ist der Luitpolhain zu einer schön angelegten Grünfläche geworden. Es ist ein Ort der Erholung und erinnert mit Informationstafeln an unsere Geschichte.

Hinweise und Besonderheiten:
- o obwohl das Rauschen der Autos im Ohr klingt, kann man hier wunderbar entspannen.
- o im Park befindet sich ein großer, eingezäunter und schöner Kinderspielplatz mit öffentlicher Toilette und Kiosk.
- o im Winter können hier Kleinkinder ihre ersten Schlittenerfahrungen machen.

GLEIßHAMMER

ANFAHRT

ÖPNV:
Tram 8 | Haltestelle Luitpoldhain,
Bus 36+45+65 | Haltestelle Dokuzentrum
PKW:
Parkplätze (gegen Gebühr) auf der Großen Straße,
Meistersingerhalle, Schultheißallee

Hesperidengärten

Johannisstraße 43/47, 90419 Nürnberg

Grüner Rückzugsort mit feinen Schönheiten

Etwas versteckt inmitten von St. Johannis befinden sich die Hesperidengärten. Hinein gelangst du über die Treppenstufen an der kleinen Straße *Riesenschritt* oder barrierefrei durch das kleine Tor des Cafés in der *Johannisstraße 47*. Angelegte Beete, Zitronenbäume, korrekt ausgerichtete Hecken und zahlreiche Statuen auf steinernen Podesten säumen die Wege, und wo sich die Wege kreuzen, sprudeln Brunnen. Perfekt für ein kleines Picknick und Verstecken spielen mit Kleinkindern.

Hinweise und Besonderheiten:
- o die Gärten sind nicht komplett barrierefrei und sind von April bis Oktober (8 - 20 Uhr) frei zugänglich.
- o das Barockhäusle mit Café lädt im Sommer zu einem Besuch ein.
- o im Juni findet im Stadtteil St. Johannis eine Straßenkirchweih statt, in unmittelbarer Nähe des Gartens.

ST. JOHANNIS

ANFAHRT

ÖPNV:
Tram 6 | Haltestelle Hallterstr.
U3 | Haltestelle Klinikum Nord
PKW:
Parkmöglichkeiten in den
umliegenden Straßenseiten

Wöhrder Wiese

90402 Nürnberg

Grünfläche mit viel Entdeckungspotential

Wo sich Studierende und arbeitende Personen in ihren Pausen die Zeit verweilen, lädt die Grünfläche auch Familien zum Ball spielen, Picknicken und Sonne genießen ein. Auf der gepflegten Wiese, geteerten Wegen und an zwei Spielplätzen können sich Kinder austoben und an der fließenden Goldbach ihren Erforschergeist ausleben.

Hinweise und Besonderheiten:
- o im Sommer gibt es hier ein saisonales Angebot: das Erfahrungsfeld der Sinne und der Wiesn Biergarten mit öffentlichen Toiletten.
- o die Wiese ist fußläufig von der Autostraße entfernt. Der Fahrradweg hingegen ist für viele Fahrrad-fahrende eine meist rasende Durchgangsstrecke.
- o bei starken Regenfall sind an der Wiese große Pfützen, die zum Springen einladen.

WÖHRD

ANFAHRT

ÖPNV:
U2+U3 | Haltestelle Wöhrder Wiese
PKW:
Parkmöglichkeiten in der Höhe
Prinzregentenufer und am Keßlerplatz

Wöhrder See

Beliebtes Naherholungsgebiet mit Erlebnisfaktor

Der Wöhrder See, eingebettet in das schöne Nürnberg, ist ein beliebtes Ausflugsziel für Einheimische und Touristen gleichermaßen. Mit einer Fläche von rund 70 Hektar ist er nicht nur ein schöner Anblick, sondern auch ein Ort voller Möglichkeiten für Freizeitaktivitäten. Der See wurde ursprünglich für den Hochwasserschutz angelegt und erstreckt sich einer Länge von rund drei Kilometern und hat für Erholungssuchende als auch für aktive Kleinkinder viel zu bieten. Auf den folgenden Seiten werden interessante Abschnitte am See für Familien aufgezeigt.

WÖHRD

NORIKUSBUCHT

In der Norikusbucht kommen Freizeitaktivitäten aller Art nicht zu kurz. An der Badebucht gibt es eine große Uferwiese, die Platz zum Spielen am Wasser und zum Erholen auf der Picknickdecke bietet. Unmittelbar daneben liegt ein Bewegungspark mit Fitness-geräten sowie ein kleiner hügeliger geteerter Weg, ausgelegt um das Fahren mit Rollschuhen und Laufrad zu lernen und schließlich entlang düsen zu können. Das Highlight ist jedoch der Wasser-spielplatz. Hier können sich die Kinder am Wasser-lauf und in einer Sandfläche mit Matschbereich austoben. Kleine Kletteraffen finden an der Seilnetzanlage viele Gerüste zum Kraxeln. Außerdem gibt es auch einen Bootsverleih für das Verweilen am See mit dem Tretboot.

Hinweise und Besonderheiten:
- o der Sandstrand in der Norikusbucht hat wenig schattige Plätze und ist im Sommer oftmals mit viel Gänsekot behaftet.
- o die Aufsichtspflicht in der Badebucht ist sehr wichtig. Es gibt keine offizielle Badeaufsicht.
- o die öffentliche Toilette sowie ein Trinkwasserbrunnen sind frei zugänglich.
- o der Wasserspielplatz ist zum großen Teil eingezäunt.

BACHLAUF

Es gibt auf der Höhe der Norikusbucht einen naturnah gestalteten Bachlauf. Teilabschnitte wurden so flach an-gelegt, dass du auch mit kleinen Kindern Wasser und Natur erleben kannst.

Hinweise und Besonderheiten:

- o der Bachlauf ist auch ein beliebter Ort für Hundebesitzer mit ihren Vierbeinern.
- o Betreuungsaufsicht ist unverzichtbar. An manchen Tagen gibt es eine etwas stärkere Strömung.
- o der Sonnenschutz hat eine beutende Rolle, da der Bachlauf wenig Schatten bietet.

ANFAHRT
Norikusbucht/Bachlauf

ÖPNV:
S2+S3 | Haltestelle Dürrenhof
Tram 5+11 | Haltestelle Tullnaupark
PKW:
Parkmöglichkeit „Norikerstraße",
direkt an der Norikusbucht

OBERER WÖHRDER SEE

Seit 2024 ist am oberen Abschnitt des Wöhrder Sees ein Neubau eines naturnahen Spielplatzes mit klassischen Spielgeräten, aber auch mit Seilbahn für den großen Spaß. Und das unter großen altausgewachsenen Bäumen, die Schatten geben.

ANFAHRT
Oberer Wöhrder See

ÖPNV:
Bus 40 | Haltestelle Goldhammer
Tram 8 | Haltestelle Ostbahnhof
PKW:
Parkmöglichkeit am Parkplatz an der „Flußstraße"

STADTSTRAND

Gegenüber der Norikusbucht ist ein künstlich aufgeschütteter Sandstrand, der sich über 200 Meter erstreckt. Der Strand lädt zum Buddeln und Planschen ein. Direkt am Sandstrand befindet sich ein Strandcafé, das seine Gäste im tollen Ambiente mit Frühstück, Kaffeespezialitäten und mehr versorgt.

Hinweise und Besonderheiten:
- das Strandcafé besitzt eine Toilette und bietet im Seiteneingang Angebote für ToGo an.
- überdacht neben dem Strandcafé befindet sich ein Automat der Eismanufaktur, der rund um die Uhr Strandbesucher mit Eis versorgt.
- der Stadtstrand wird immer wieder aufbereitet, sodass Schmutz, Scherben oder auch Kot von Vögeln beseitigt werden.
- es ist beim weiten Reingehen in das Wasser Vorsicht geboten. Es besteht die Möglichkeit das du ausrutscht oder du unmittelbar bei weiteren Schritten nach unten in die leichte Tiefe gehst.
- neben dem Strand sind fest im Boden verankerte Trampoline, die zum Springen einladen.

BOULEVARD

Ein 200 Meter langer Fußgängersteg am Pflegezentrum Sebastianspital ermöglicht Wassertiere in ihren Nestern zu beobachten, Kleinkinder frei laufen zu lassen ohne die Rücksicht auf rasende fahrradfahrerende Personen nehmen zu müssen. Der Boulevard bringt ein Stück mediterranes Urlaubsflair mitten in die Stadt.

Hinweise und Besonderheiten:
- o der Steg ist für fahrradfahrende Personen nicht erlaubt.
- o ein Besuch im Tante Noris Café am Pflegezentrum mit regionaler Speisekarte, ToGo- Angeboten und Eiscreme ist empfehlenswert.

ANFAHRT
Stadtstrand/ Boulevard

ÖPNV:
Bus 36 | Haltestelle Technische Hochschule
Tram 5 | Haltestelle Dürrenhof
PKW:
Parkplatzmöglichkeit „Wöhrder Talübergang"

Rosenaupark

Bleichstraße, 90429 Nürnberg

Ein Rückzugsort mitten in Nürnberg

Was einst ein privater Garten mit großem Teich war, ist heute eine öffentliche, versteckte Grünanlage in der Nähe des Plärrers. Der schön angelegte Spielplatz im Rosenaupark sorgt für Spaß und Abenteuer für die Jüngsten. Und obwohl der Park mitten in der Stadt liegt, bietet er eine erholsame Atmosphäre, die dich zur Ruhe kommen lässt.

Hinweise und Besonderheiten:
- ein Besuch im Café Kiosk, mit erfrischenden Getränken und leckeren Snacks und gutem Kaffee ist lohnend.
- im Juni findet das kleine Festival Sommerkiosk statt. Hier dreht sich alles um Nachhaltigkeit, Kreativität, Design, Musik und soziale Projekte.

ANFAHRT

ÖPNV:
U1+U2+U3, Tram 4+6, Bus 34+36 | Haltestelle Plärrer
PKW:
Parkmöglichkeiten in den
umliegenden Seitenstraßen

KLEINWEIDENMÜHLE

3.
Kinderfreundliche Cafés und Restaurants

Café Tante Noris Gärtnerei

Braillestraße 27, 90425 Nürnberg

Durchatmen in der Natur-Erlebnis-Gärtnerei

Bei einem Spaziergang durch den Marienbergpark sorgt ein Besuch in der Gärtnerei für eine schöne Überraschung und Abwechslung. Die Gärtnerei hat außen eine Verkaufsfläche mit Pflanzen und innen ausgefallene Produkte. Die ganze Fläche steht für Innovation, Inklusion, Freundlichkeit und Entdeckungsvielfalt.

Öffnungszeiten: Di – Fr 10 - 18 Uhr │ Sa 10 - 16 Uhr

Hinweise und Besonderheiten:
- o im Außenbereich befindet sich ein liebevoll angelegter Sandspielplatz.
- o innen gibt es ein Café mit Leckereien und großer Spielecke. Das Café Tante Noris wird in Teilen von Menschen mit Behinderung betrieben.
- o Öffnungszeiten können im Winter abweichen.

MARIENBERG

ANFAHRT

ÖPNV:
Bus 46 │ Haltestelle Großreuth h. d. Veste
PKW:
Parkmöglichkeit an der Gärtnerei

Café Tante Noris am See

Veilhofstraße 38, Am Johann-Sörgel-Weg, 90489 Nürnberg

Genießen am Sebastianspital

Genieße bei Tante Noris am See köstliche Bio-Kaffee-Spezialitäten, Kuchen und feine Snacks und eine wechselnde Wochenkarte, während den Kleinen in der schön gestalteten Spielecke nicht langweilig wird. Im Anschluss kannst du den Wöhrder See in aller Vielfalt erleben: Schlendere über den idyllischen Boulevardsteg, beobachte Tiere der Wasserwelt und entdecke Spielplätze an jeder Ecke.

Öffnungszeiten: Di – So 11:30 - 18 Uhr

Hinweise und Besonderheiten:
- die wechselnde Wochenkarte beinhaltet saisonale und regionale Leckereien.
- das Café wird von Menschen mit Behinderung unterstützt, die mit viel Engagement und guter Laune positiven Schwung ins Café bringen.

ANFAHRT

ÖPNV:
Bus 65 | Haltestelle Sebastianspital
Tram 8 | Haltestelle Tauroggenstr.

VEILHOF

Bäcker Feihl

Regensburger Straße 72 90478 Nürnberg

Luitpoldviertel wird zum Brotviertel

Nach einer längeren Baustelle eröffnete im Frühjahr 2024 der Bäcker Feihl im Luitpoldviertel. Der Neumarkter Bäcker ist mit einigen Nebenstellen in Nürnberg vertreten, doch im neu erbauten Viertel findest du eine modern eingerichtete Filiale, mit wunderschönem Ambiente und einer süß eingerichteten Spielecke für Kleinkinder. Sobald die Kinder die obere Ebene der Bäckerei betreten, werden sie von der gemütlichen Atmosphäre der Spielecke magisch angezogen.

Öffnungszeiten: Mo – Sa 6:30 – 19 Uhr | So 7 - 17 Uhr

Hinweise und Besonderheiten:
- die Kinderecke ist aus nachhaltigen Produkten und Ausstattungen für eine familienfreundliche Welt von MaliBei konzipiert.
- dein Kinderwagen kann in der Filiale abgestellt werden.

ANFAHRT

ÖPNV:
Tram 6+10 | Haltestelle Peterskirche
PKW:
Parkmöglichkeiten am Edeka Parkplatz

ST. PETER

Mama Café

Werderstr. 1, 90489 Nürnberg

der Treffpunkt für alle Eltern und Kindern

Das hell gestaltete Kindercafé ist ein idealer Ort, um mit Kindern unbeschwert zu verweilen und ein Frühstück zu genießen. Denn es gibt zahlreiche Möglichkeiten für Kleinkinder sich zu beschäftigen, neue Spielsachen und Fahrzeuge zu entdecken.

Öffnungszeiten: Di – Fr 9 - 17 Uhr | Sa – So 9 - 14 Uhr

Hinweise und Besonderheiten:
- o Kinderwagen muss außen stehen bleiben.
- o die Öffnungszeiten können abweichen. Infos und aktuelle Öffnungszeiten sind immer aktuell in den sozialen Netzwerken zu finden.

ANFAHRT

ÖPNV:
U2 | Haltestelle Rennweg oder Maxfeld
PKW:
Parkmöglichkeiten
in den umliegenden Seitenstraßen

MAXFELD

Eck Café

Euckenweg 7, 90471 Nürnberg

Ein Familientreffpunkt in Langwasser

Das Eck Café ist ein Begegnungsort in Zusammenarbeit mit der kirchlichen Gemeinde. So hat Langwasser einen Ort mit dem Fokus auf Familien mit Kindern geschaffen. Vormittags sowie nachmittags sind Eltern mit Kindern im Alter von 0 bis 6 Jahren herzlich willkommen. Auch größere Geschwister oder Kinder im Grundschulalter finden hier ihren Spaß.

Öffnungszeiten:
Mi & Do 9:30 - 11:30 Uhr + 15 - 17 Uhr │ Fr 9:30 - 11:30 Uhr

Hinweise und Besonderheiten:
- o Beschäftigungsmöglichkeiten für Kinder finden sich in der Spielecke, ausgestattet mit einer Spielküche, Bücher, Autos, Lego und vieles mehr.
- o es finden regelmäßig Vorträge und Veranstaltungen statt, mit dem Fokus auf die Familie.
- o es gibt ein zusätzliches Verkaufsangebot von Babykleidung und Schmuck.

ANFAHRT

ÖPNV:
U1 │ Haltestelle Langwasser Nord
PKW:
Parkmöglichkeiten in den umliegenden Straßen

LANGWASSER

Brezen Kolb

Ostendstraße 138, 90482 Nürnberg

50 Jahre Familien-Tradition aus Nürnberg

Das Brezenorginal in Nürnberg ist sehr beliebt und hat zahlreiche Filialen, in denen verschiedene Variationen verkauft werden. Im Brezencafé in Mögeldorf kannst du ofenfrische Brezen und röstfrische Kaffeespezialitäten genießen, während der Nachwuchs in der kleinen Spielecke Freude findet.

Öffnungszeiten:
Mo – Fr 5:30 - 19 Uhr │ Sa 7 - 18 Uhr │ So 7:30 - 17 Uhr

Hinweise und Besonderheiten:
- Brezen-Drive-In mit längeren Öffnungszeiten:
  Mo – Fr ab 2 Uhr │ Sa ab 4 Uhr │ So ab 5:30 Uhr
- das Café hat außerdem eine Dachterrasse.
- weitere Infos auf der Homepage:
  www.brezen-kolb.de

ANFAHRT

ÖPNV:
Tram 5+11 │ Haltestelle Business Tower
PKW:
Parkmöglichkeiten direkt vor der Filiale

MÖGELDORF

Finka Bar Celona

Vordere Insel Schütt 4, 90403 Nürnberg

Familientreffpunkt an der Insel Schütt

Das Café liegt direkt an der Pegnitz in der Altstadt und ist der Treffpunkt für Jung und Alt. Mit der Spielecke im Erdgeschoss und dem Ausblick aus dem Fenster auf den Fluss, kannst du das Frühstück mit Tee, Mittagstisch oder auch einen leckeren Kuchen am Nachmittag genießen und mit den Kleinen die Spielecke entdecken.

Öffnungszeiten:
So – Mi 9 - 0 Uhr │ Do 9 - 1 Uhr │ Fr – Sa 9 - 2 Uhr

Hinweise und Besonderheiten:
- o familienfreundliches Personal bietet Angebot an Speisen für jedes Alter und Essensvorlieben an.
- o Onlinereservierungen und weitere Infos auf der Homepage: *www.celona.de/mein-celona/details/finca-bar-celona-nuernberg*

ANFAHRT

ÖPNV:
U1 │ Haltestelle Lorenzkirche
PKW:
Parkhaus Karstadt

LORENZ

4.
Restaurants und Biergärten mit Spielplatz

Wiesn Biergarten

Johann-Soergel-Weg, 90482 Nürnberg

Den Nachmittag mit Eis oder Brotzeit genießen

Der Biergarten an der Wöhrder Wiese liegt direkt neben der Altstadt. Er wurde neu angelegt und ist mit bunten Sitzstühlen und leckeren regionalen Snacks, Brotzeiten, kühlen Getränken und Eis ausgestattet. Der Biergarten ist von Wiese umgeben und direkt nebenan sind zum einen das saisonale Angebot *Erfahrungsfeld der Sinne* und zum anderen zwei verschiedene Spielplätze. Ein schönes Ausflugsziel für die Familie.

Öffnungszeiten: So – Fr 10 - 22 Uhr | Sa 12 - 22 Uhr

Hinweise und Besonderheiten:
- o   Reservierungen sind in der Regel nicht nötig.
- o   der Biergarten hat nur in den Sommermonaten von Mai bis September geöffnet.
- o   es gibt eine Auswahl an unterschiedlichen Sitz- und Liegemöglichkeiten.
- o   eine öffentliche Toilette ist direkt am Biergarten gebührenpflichtig vorhanden.

WÖHRD

ANFAHRT

ÖPNV:
U2 + U3 | Haltestelle Wöhrder Wiese
PKW:
Parken in der Höhe Prinzregentenufer,
Keßlerplatz

Tucherhof

Marienbergstraße 110, 90411 Nürnberg

Fränkischer Biergarten mit Gutshof und Kinderspielplatz als Ausgleich für Kinder

Der Tucherhof bietet fränkische Gerichte, Brotzeiten und saisonale Gerichte an. Der weitläufige Biergarten ist in einen Selbstbedienungs- und einen Service-Bereich unterteilt. Durch ein Tor gelangst du in den Biergarten und der Spielplatz ist direkt in Sichtweite.

Öffnungszeiten: Di – So 12 - 23 Uhr

Hinweise und Besonderheiten:
- o Öffnungszeiten können an Feiertagen variieren.
- o Reservierungen zu tätigen ist empfehlenswert.
- o im Sommer spielt hin und wieder auch Live-Musik.
- o die Küche hat bis 21 Uhr geöffnet.
- o der Biergarten und der Spielplatz sind umzäunt.

ANFAHRT

ÖPNV:
Bus 31 | Halttestelle Hansengarten oder Tucherhof
PKW:
Parkmöglichkeiten in den umliegenden Straßen

MARIENBERG

Hummelsteiner Biergarten

Kleestraße 28, 90461 Nürnberg

Biergarten als kleine Oase in der Südstadt

Inmitten in der dicht bebauten Südstadt liegt der Hummelsteiner Biergarten mit einem kleinen Spielplatz. Die umliegenden Bäume spenden Schatten und der Garten ist umzäunt, sodass die Kleinkinder unbeschwert spielen können.

Öffnungszeiten: Mo – Fr 15 - 22 Uhr │ Sa 14:30 - 23 Uhr │ So 14:30 - 21 Uhr

Hinweise und Besonderheiten:
- o Der Biergarten liegt direkt am Hummelsteiner Park, der zu einem kleinen Spaziergang einlädt.
- o im Biergarten ist für die Gäste Selbstbedienung.
- o Die Öffnungszeiten können je nach Jahreszeit und Wetter variieren.

ANFAHRT

ÖPNV:
Tram 7 + 8 │ Haltestelle Wodanstraße
U1 │ Haltestelle Frankenstraße
PKW:
Parkmöglichkeiten in den
umliegenden Seitenstraßen

HUMMELSTEIN

Zollhaus

Am Zollhaus 150, 90471 Nürnberg

Kinderbereich in entspannter Atmosphäre

Das Zollhaus ist einer der familienfreundlichsten Biergärten Nürnbergs, da er einen erweiterten Bereich für Familien, mit einem schönen weitläufigen und umzäunten Spielplatz hat. Hier können die Kinder rumtoben, schaukeln und klettern. Mit den Essensangebot, wie fränkische Spezialitäten und Pizza aus dem Steinofen ist für Jung und Alt bestens gesorgt. Außerdem stehen im Kinderbereich Eis- und Getränkeautomaten zur Verfügung.

Öffnungszeiten:
Mo – Fr 16 - 22 Uhr │ Sa – So, Feiertage 11:30 - 22 Uhr

Hinweise und Besonderheiten:
- o im weiteren Teil des Biergartens ist eine Bühne aufgebaut, auf der an einigen Tagen Live Musik gespielt wird.
- o der Biergarten bietet viele schattige Plätze durch altgewachsene Bäume.
- o bei schlechtem Wetter können die Öffnungszeiten abweichen.
- o zudem eignet sich das Zollhaus als eine tolle Location für große Familienfeiern.
- o Infos immer aktuell auf der Homepage: *www.zollhaus-biergarten.de*

ZOLLHAUS

ANFAHRT

ÖPNV:
U1 | Haltestelle Langwasser Süd *(längerer Fußweg)*
Bus 52 + 68 | Haltestelle Neulandsiedlung
PKW:
Parkmöglichkeiten vor Ort

Schießhaus Waldresteraunt

Günthersbühler Str. 145, 90491 Nürnberg

fernab von großen Straßen

Zwischen hohen Bäumen kannst du hier im schön gelegenen Waldrestaurant im Biergarten sitzen. Es gibt fränkische Spezialitäten und saisonale Gerichte. Ganz gleich, ob du etwas Leichtes wie einen Salat, vegetarische Speisen oder Klassiker bevorzugst, es ist was für die ganze Familie dabei.

Öffnungszeiten:
Di – Fr 11 - 14 Uhr + 17:30 - 22 Uhr │ Sa - So 11 – 22 Uhr

Hinweise und Besonderheiten:
- das Schießhaus ist von Wald umgeben, der unter anderem zu einem Spaziergang einlädt.
- der Spielplatz ist vom Biergarten aus in Sichtweite.
- Öffnungszeiten können in den Wintermonaten und an Feiertagen abweichen. Alle weiteren Infos aktuell auf der Homepage: *www.schiesshaus-nuernberg.de*

ANFAHRT

ÖPNV:
Tram 8 + RB │ Haltestelle Erlenstegen *(längerer Fußweg)*
PKW:
Parkmöglichkeiten vor Ort

ERLENSTEGEN

Steinbrüchlein

Am Steinbrüchlein, 90455 Nürnberg

Wirtshaus und Biergarten idyllisch im Reichswald

Das Steinbrüchlein bietet eine fränkische Küche für Fleischliebhaber und Vegetarier an und lädt die ganze Familie mit einem schönen Ambiente ein. Doch das Highlight für Kleinkinder ist der umgebene Wald mit Steinfelsen. Hier ist viel Platz zum Klettern und Erforschen, während der Rest der Familie im Schatten unter Bäumen sitzen und gemütlich die Zeit verstreichen lassen kann.

Öffnungszeiten: Di – So 11 - 20:30 Uhr
(können in den Wintermonaten abweichen)

Hinweise und Besonderheiten:
- gleich ums Eck gibt es einen Waldspielplatz mit weiteren vielen Klettermöglichkeiten und einen Naturlehrpfad mit Informationen zur Flora und Fauna.
- an heißen Sommertagen ist die Umgebung ein idealer Ort fürs Verweilen und Austoben.
- Infos immer aktuell auf der Homepage:
  www.steinbruechlein-biergarten.de

ANFAHRT

ÖPNV:
Bus 52 + 53 │ Haltestelle Steinbrüchlein
PKW:
ausreichende Parkmöglichkeiten vor Ort

STEINBRÜCHLEIN

5.
Spazieren
&
Radfahren

Valzner Weiher

Valznerweiherstraße, 90480 Nürnberg

Am Weiher Fische beobachten und im Wald eine Runde Laufrad fahren

Der Valznerweiher bietet eine Ruhe-Oase für Alle, die einen Moment dem Alltagsstress in der Großstadt entfliehen oder einen Spaziergang mit Kinderwagen und Laufrad machen möchten. Es gibt einen Walderlebnispfad mit verschiedenen Erlebnisstation am Rand des Lorenzer Reichswaldes. Am Valznerweiher befindet sich außerdem ein Inselrestaurant und ein Spielplatz passend für das Kleinkindalter.

Hinweise und Besonderheiten:
- o es gibt Wanderparkplätze und auch Parkmöglichkeiten an den Straßenseiten. Die Parkplätze direkt am Spielplatz und am Restaurant sind gebührenpflichtig.

ANFAHRT

ÖPNV:
Bus 44 | Haltestelle Valznerweiher
S3 | Haltestelle Frankenstadion *(längerer Fußweg)*
PKW:
Parkmöglichkeiten direkt vor Ort

ZERZABELSHOF

Ludwig-Main-Donaukanal

Fünf-Flüsse-Radweg als Naturerholungsgebiet

Der Ludwigskanal ist der Vorläufer des heutigen Main-Donau-Kanals und wurde unter König Ludwig I. von Bayern 1846 vollendet. Der Kanal hatte 100 Schleusen, um den Höhenunterschied zwischen Main und Donau auszugleichen. Das Bauwerk stellte sich jedoch bald nach der Fertigstellung als zu klein und unpraktisch heraus.

Wer heute am Kanal unterwegs ist, kann gleich erkennen, dass weite Strecken des Kanals noch so aussehen wie kurz nach der Errichtung:
schöne Schleusenwärterhäuschen und zahllose Schleusen im Originalzustand, und romantische Rundbogenbrücken. Ein Naturerholungsgebiet, das zum Radfahren und Spazieren gehen mit den Kleinen einlädt. Es gibt die Möglichkeit einzukehren oder am Imbiss „Weißes Häusla" Energie zu tanken. Der Radweg ist direkt im Stadtteil Gartenstadt sowie auch in Worzelsdorf gut zugänglich und führt bspw. bis in die benachbarte Stadt Wendelstein.

Der Weg über die Gartenstadt
Perfekter Start im Nürnberger Süden für Radfahrende Personen.

90469 Gartenstadt

Anfahrt:
Bus 67 +98 | Haltestelle Am Ludwigskanal
Tram 5 | Haltestelle Worzeldorfer Str. *(längerer Fußweg)*
Hinweise und Besonderheiten:
  o Parkmöglichkeiten auf der Höhe Finkenbrunnstraße beim Kleingartenverein, bzw. an der Sportanlage.

Der Weg über Worzelsdorf
Spielplatz „Heckenrosenweg" inmitten von Bäumen lädt zur Rast ein.

90455 Worzelsdorf

Anfahrt:
Bus 52+53 | Haltestelle Worzeldorf Hauptstr.
Hinweise und Besonderheiten:
  o Parkmöglichkeiten im Stadtteil.

Weißes Häusla (Imbiss) Schleuse 71
Treffpunkt zum Pausieren und Genießen.

Marthweg 230, 90469 Nürnberg

Öffnungszeiten:
Mi - Sa ab 11 Uhr | So - und Feiertage ab 10 Uhr
Hinweise und Besonderheiten:
  o Öffnungszeiten können je nach Jahreszeit abweichen.
  o Informationen immer aktuell auf der Homepage:
    www.weisses-haeusla.de

Platnersberg

Platnersberg, 90491 Nürnberg

Ein grüner Fleck im malerischen Viertel

In dem beliebten Stadtteil Erlenstegen liegt der Platnersberg. Familien können hier mit ihren Kindern am Spielplatz verweilen, spazieren gehen. Die Liegewiese zum Entspannen und Picknicken nutzen, während sich die Kleinen am Bolzplatz austoben oder durch die sanfte Hügellandschaft Laufrad fahren. Der nahegelegene Pegnitzfluss bietet zudem die Möglichkeiten zum Radfahren.

Hinweise und Besonderheiten:
- o eingezäunter Spielplatz ist dank der großen Bäume schön schattig.
- o in der Regel findet donnerstags ein kleiner Wochenmarkt statt (direkt an der Straßenbahnhaltestelle).

ANFAHRT

ÖPNV:
Tram 8 + Bus 45 | Haltestelle Platnersberg
PKW:
wenige Parkmöglichkeiten in den
umliegenden Straßen.

ERLENSTEGEN

Steinbrüchlein

Am Steinbrüchlein, 90455 Nürnberg

Waldspielplatz mitten im Reichswald

Im Steinbrüchlein befindet sich ein schön angelegter Waldspielplatz. Für die Kinder gibt es weit verteilt Möglichkeiten im Niederseilgarten ihre Grenzen auszutesten, im Weiteren zu schaukeln und zu rutschen. Neben dem Spielplatz sind Sandsteinfelsen versteckt, die erkundet werden können. Der Entdeckergeist ist hier gefragt, denn die Kleinen können selbst Höhlen und Zelte aus liegen gebliebenen Ästen bauen. Für den Ausklang gibt es die Möglichkeit für einen entspannten Spaziergang im Reichswald.

Hinweise und Besonderheiten:
- o Es gibt die Einkehrmöglichkeit im Steinbrüchlein Waldrestaurant.
- o Spielplatz ist an sonnigen Tagen besonders beliebt, da er viele schattige Plätze bietet.

STEINBRÜCHLEIN

ANFAHRT

ÖPNV:
Bus 52 | Haltestelle
Steinbrüchlein
PKW:
Parkmöglichkeiten direkt
vor Ort

Pegnitztal West

Entdeckungstouren für Kleinkinder

In Nürnberg fließt die Pegnitz und lädt an vielen Stellen ein, die Seele baumeln zu lassen, an ihr zu spazieren und zu verweilen. So auch am westlichen Pegnitztal, das ein Paradies für Familien sein kann. Als einer der größten und vielfältigsten Grünflächen, gibt es auf zwei Kilometer gestreckte Liegewiesen, öffentliche Grillplätze und das abseits des Autoverkehrs. An der Pegnitz entlang gibt es viele Entdeckungen für den Forschungsgeist der Kleinen und entspannte Laufradtouren am separaten Fußgängerweg, der mit hohen Bäumen viel Schatten bietet.

ANFAHRT
Theodor-Heuss-Brücke

ÖPNV:
Tram 6 | Haltestelle Westfriedhof
U1 | Haltestelle Maximilianstraße, Eberhardshof
PKW:
Parkmöglichkeiten in den umliegenden Straßen

ST. JOHANNIS, SCHNIEGLING

Hinweise und Besonderheiten:

- es gibt auf der Höhe der Theodor-Heuss-Brücke eine öffentliche Toilette.
- an einigen Stellen gibt es Brücken, die zum Beobachten und Staunen einladen, wie der Fuchslochsteg.
- der Bewegungsparcours am Lederersteg fordert die Kleinen heraus.
- in den Sommermonaten finden an der Theodor-Heuss-Brücke eintrittsfreie Musikfeste, wie das Brückenfestival statt.
- der Wasserspielplatz an der Christoph-Weiß-Straße sorgt bei heißen Temperaturen für viel Spaß.
- wenn die Temperaturen in die Höhe gehen, ist das Freibad West ein beliebter Ort für Familien aus den umliegenden Stadtteilen.
- im Sommer ist des Öfteren ein Eiswagen im Pegnitztal unterwegs.

Hallerwiese

Am Hallertor, 90403 Nürnberg

Eine kleine Wiese mit vielen Überraschungen

An einem kleinen Tor durch die Nürnberger Stadtmauer gelegen, ist die Hallerwiese, eine Verbindung für Fußgänger und Radfahrende auf dem Weg zwischen Altstadt und der Nachbarstadt Fürth. Ein Spaziergang an der Hallerwiese bietet einige Überraschungen. Es gibt den Blick auf die Pegnitz, die Möglichkeit beim „Schnepperschütz" ein kühles Getränk und Eis zu holen, auf der Grünfläche zu picknicken oder auf der anderen Flussseite zu verweilen. Denn dort liegt der Kontumazgarten, mit angelegtem Spielplatz und vielen schattigen Plätzen. In der Vergangenheit war die Hallerwiese ein Übungsgelände der Armbrustschützen, auch Schnepperschützen genannt.

Hinweise und Besonderheiten:

- o der Kontumazgarten kann über die Brücke an der Hallerwiese erreicht werden.
- o das Café Schnepperschütz hat in den Sommermonaten in der Regel täglich von 10 - 22 Uhr geöffnet.

ST. JOHANNIS

ANFAHRT

ÖPNV:
Tram 4 + 6 + 10 | Haltestelle Hallertor
Bus 36 | Haltestelle Hallertor
PKW:
Parkmöglichkeiten in den Seitenstraßen
und im
Parkhaus Klinik Hallerwiese

Pegnitztal Ost

Eine kleine Naturidylle im Nürnberger Osten

Du kannst am Fluss entlang schlendern, im Sommer den grasenden Schafen zuschauen, im Schatten von alten Bäumen Picknick machen – für viele ist das Pegnitztal Ost eine kostbare Naturidylle am Rande der Stadt. Doch seine vielfältigen Lebensräume sind nicht nur wichtig für Erholungssuchende, sondern auch für die Tier- und Pflanzenwelt.

Hinweise und Besonderheiten:
- o Seit 2018 sind einige Abschnitte ein Naturschutzgebiet. An den Kletterbäumen gibt es viele Brennnessel.
- o Es gibt wenige bis keine Stellen für Kleinkinder zum Plantschen im Fluss, an manchen Stellen ist es zudem ein reisender Fluss.
- o Das Pegnitztal ist eine hervorragende Strecke für eine Radtour, unter anderem zum Schloss Oberbürg, das aus Mauerresten besteht und für Kleinkinder zum Klettern und Staunen einlädt. Ein weiteres Highlight für eine Radtour: Ein Besuch in der Eisdiele „Dolomiddi" Lauf am Holz.

ERLENSTEGEN

ANFAHRT

ÖPNV:
RB30+ RB31 | Haltestelle Erlenstegen
Tram 8 | Haltestelle Erlenstegen
S2 | Haltestelle Rehhof
PKW:
Parkmöglichkeiten im Stadtteil

Irrhain

Lachfeldstraße, 90427 Nürnberg

Ein Ort voller Geheimnisse und Legenden

Etwas abgelegen vom Nürnberger Zentrum liegt hinter dem Knoblauchsland der Irrhain. Er ist weit mehr als nur ein alter Garten, der zwischen dichten Wäldern und versteckten Pfaden eingebettet ist. Er ist ein Ort, der mit Geschichten, Legenden und einer einzigartigen Schönheit geschmückt ist. Egal, ob man auf der Suche nach Abenteuer, Entspannung oder einfach nur einem Ort zum Nachdenken ist, der Irrhain bietet für jeden etwas.

Hinweise und Besonderheiten:
- etwa 1 km entfernt befindet sich ein großer eingezäunter und weitläufiger Spielplatz *„Schiestlstraße"* in Kraftshof. Hier ist auch im September Kirchweih, ein Fest für die ganze Familie.
- es gibt nicht direkt am Irrhain einen Parkplatz. Die Empfehlung ist im Stadtteil zu parken und dorthin zu spazieren oder mit den Kindern und ihren Laufrädern hinzufahren.

ANFAHRT

ÖPNV:
Bus 31 | Haltestelle Kraftshof
PKW:
Parken im Stadtteil Neunhof
(längerer Fußweg)

KRAFTSHOF/ NEUNHOF

Forstweiher

Hinterhostraße, 90451 Nürnberg

Waldspielplatz am stillen Gewässer

Im Südwesten von Nürnberg am Stadtrand liegt ein weitläufiger Spielplatz, der sich unmittelbar neben einem Forstweiher befindet. Die Lage mit dem Spielplatz im kleinen Wäldchen lädt zu einem Spaziergang mit Klettereinlage und Toben ein. Für kleine Pausen gibt es einige Sitzgelegenheiten rund um den Weiher und auf dem Spielplatz.

Hinweise und Besonderheiten:
- o der Ort bietet schattige Plätze an sonnigen Tagen.
- o es gibt im Umkreis keine öffentliche Toilette.

ANFAHRT

ÖPNV:
S2 | Haltestelle Eibach
PKW:
Parkmöglichkeiten in den umliegenden Straßen

EIBACH

Schifffahrtshafen

Europakai 10, 90455 Nürnberg

Sehenswertes für Schiff- und Hafenbegeisterte

Die Wasserwege haben in vielen Städten eine lange Geschichte. Sie dienten einst als wichtige Handelsrouten und Transportwege. Heute sind sie ein beliebtes Ziel für Touristen. So gibt es auch am Main-Donau-Kanal Flusskreuzfahrtschiffe, die u.a. in Nürnberg Halt machen. Neben den Seefahrerverkehr kann die eine oder andere Abfahrt mitverfolgt und die Schiffe von außen betrachtet werden.

Hinweise und Besonderheiten:
- o Tages- oder Ausflugsschifffahrten gibt es von Nürnberg aus leider nicht.
- o Hafenfakten: Der Hafen ist 100 m breit und hat eine Solltiefe von 3,5 m.
- o Personenschifffahrt Fakten: Seit 2016 laufen in Nürnberg jährlich über 60 Reedereien mit mehr als 130 Schiffen den Personenschifffahrtshafen an und es können bis zu 10 Schiffe gleichzeitig anlegen. Sie bringen jährlich etwa 126.000 Touristen.

ANFAHRT

ÖPNV:
Bus 60 + 67 + 98 | Haltestelle Rotterdamer Straße
PKW:
Parkmöglichkeiten auf der Höhe Finkenbrunnstraße beim Kleingartenverein bzw. an der Sportanlage

HAFEN

Schafsherde

Im Herbst gibt es ein tierisch traditionelles Ereignis für Jung und Alt

Rund 600 Schafe kommen jährlich ins Winterquartier und der kürzeste Weg ist einmal quer durch die Stadt. Der Schafszug beginnt in der frühen Morgenstunde durch das Pegnitztal im Osten bis hin zur Wöhrder Wiese, über die Insel Schütt und den Hauptmarkt, weiter bis zu den Winterweiden westlich des Stadtgebiets, unter anderem im Landkreis Fürth. Die Schafe sind als Landschaftspfleger sehr wichtig, denn sie fressen nur bestimmte Gräser und Kräuter und lockern durch ihre Hufe den Boden auf.

Hinweise und Besonderheiten:
- in der Regel findet das spektakuläre Ereignis im November statt. Für ein tagegenaues Datum mit ungefähren zeitlichen Angaben berichten immer die lokalen Nachrichten und sozialen Medien.

NÜRNBERG

Burggarten

Burg 17, 90403 Nürnberg

Rückzugsort an der Kaiserburg

Die Kaiserburg ist für Familien mit Kleinkindern meist zu weit oben gelegen und ein Hindernis, den Weg mit Kinderwagen auf sich zu nehmen. Doch bist du erstmal oben angekommen, lohnt sich zum einen der Ausblick und zum anderen der Spaziergang rund um die Kaiserburg in den öffentlich zugänglichen Garten. Ein schöner Rückzugsort in der meist so lauten Stadt. Im Frühjahr und Sommer lockt der Burggarten mit schattigen Plätzen, blühender Pflanzen und schönen Ausblicken auf den Norden und Westen der Stadt.

Hinweise und Besonderheiten:
- o   der Garten ist im Winter geschlossen.
- o   im Burggarten gibt es eine öffentliche Toilette.
- o   der angelegte Garten ist zu großen Teilen komplett barrierefrei.
- o   an der Kaiserburg befindet sich ein Burg Café, das dich mit einer kleinen Karte von Frühstücks- und Kuchenangeboten begeistern wird.
- o   im Sommer ist die Kaiserburg ein Magnet für Touristen. Im Burggarten verläuft sich jedoch der Andrang.

ALTSTADT - SEBALD

ANFAHRT

ÖPNV:
Bus 36 | Haltestelle Burgstr.
U1 | Haltestelle Lorenzkirche
PKW:
Parkhaus Hauptmarkt

Bimmelbahn

Hauptmarkt, 90403 Nürnberg

Kinderaugen strahlen, während Eltern sich entspannt zurücklehnen und der Geschichte lauschen

Eine Stadtrundfahrt mit der Bimmelbahn ist besonders mit Kindern eine beliebte Art, um die Stadt zu entdecken, ganz ohne die Füße müde zu laufen. Der Start ist am Hauptmarkt, am schönen Brunnen. Die Touristenbahn fährt die Sehenswürdigkeiten, wie die Kaiserburg und Lorenzkirche in der Stadt ab. Für die Erwachsenen gibt es mit dem Audioguide Wissenswertes über die Stadt zu erfahren und die Kleinkinder können voller Euphorie im roten Zug sitzen und die Stadt betrachten.

<u>Hinweise und Besonderheiten:</u>
- o die Dauer der Fahrt ist circa 40 Minuten.
- o die Tickets kannst du vor Ort kaufen oder bequem online bestellen.
- o Kinder unter 2 Jahren können kostenfrei mitfahren. Die Fahrt pro erwachsene Person liegt bei 10 € (Stand 2024).

ST. SEBALD

6.
Eis essen
+ Kleinkind
Unternehmung im
Sommer

Eis essen

Es gibt mehr als 80 Eisdielen in Nürnberg, bei denen sich ein Besuch je nach individuellen eisigen Vorlieben lohnt. Nürnberg kann mit vielen Geheimtipps und Klassikern hinsichtlich der Eisdielen punkten. Spätestens wenn die ersten Sonnenstrahlen im Frühling uns anleuchten, bekommen Einige Lust auf ein Eis. Während eines Spaziergangs, einer Radtour oder einem Spielplatzbesuch passen folgende ausgewählte Eisdielen:

Hinweis: In den Wintermonaten können die Öffnungszeiten abweichen.

EISCAFÉ IL GELATO

In der Nähe der Eisdiele ist der Carrett'scher Park mit einem Spielplatz. Ein kleiner Rückzugsort, um das Eis mit Kleinkindern zu genießen.

Kaulbachstraße 29, 90408 Nürnberg, Kaulbach

Öffnungszeiten: Mo – So 11 - 22 Uhr

- o die Eisdiele bietet viele selbstgemachte Eissorten und Kreationen an.
- o an der Eisdiele gibt es keine große Autostraße.
- o wenige Sitzplatzmöglichkeiten bietet die Eisdiele innen sowie auch außen an.

DOLOMIDDI

Bei einer Radtour am Pegnitzgrund kann hier mit voller Vorfreude abgebogen und eine Pause eingelegt werden.

Winner Zeile 31, 90482 Nürnberg, Lauf am Holz

Öffnungszeiten: Mo – So 10:30 - 23 Uhr

- o die Eisdiele verzichtet auf Konservierungsmittel und künstliche Farbstoffe.
- o bei der Herstellung der Eissorten liegt hier das Augenmerk auf die Regionalität.
- o Sitzplatzmöglichkeiten gibt es innen sowie außen.

CRISTALLO

Bei einer Radtour am Wöhrder See lohnt sich eine kurze steile Fahrt nach oben in den Stadtteil Mögeldorf.

Ostendstraße 227, 90482 Nürnberg, Mögeldorf

Öffnungszeiten: Mo – So 10:30 - 20 Uhr

- o die Eisdiele bietet selbstgemachtes Eis aus traditionellem Familienbetrieb an.
- o Sitzmöglichkeiten gibt es innen und außen vor dem Cristallo direkt an der Straße, aber Familienfreundlich auch auf dem Hinterhof.
- o Fahrräder können im Hinterhof kurz geparkt werden.

CAMPO EIS

Bei einer Radtour oder einem Spaziergang ist im westlichen Pegnitzgrund in die Richtung der Stadt Fürth ein Besuch im Campo Eis ein Besuch wert.

Schnieglinger Str. 245, 90427 Nürnberg, Schniegling

Öffnungszeiten: Di – So 10 - 20 Uhr

- die Eisdiele bietet über 30 hausgemachte Sorten Speiseeis sowie vegane Eiscreme an.
- Neben den Sitzmöglichkeiten in der Eisdiele, kannst du im Campo Eis auch im schönen Innenhof sowie am umzäunten Fahrradstellplatz mit Kleinkindern verweilen.

EIS IM GLÜCK

Eine Nürnberger Eismanufaktur, direkt neben einem schön sanierten Spielplatz.

Fenitzerplatz 4, 90489 Nürnberg, Maxfeld

Öffnungszeiten:

- die Eisdiele liegt fernab von großen Straßen und direkt neben einem Spielplatz u.a. auch ausgestattet für Kleinkinder.
- Sitzmöglichkeiten gibt es wenige im Innenraum und einige Plätze mehr vor der Eisdiele, direkt am Zaun des Spielplatzes.
- das selbstgemachte Eis ist aus 100% natürlichen Zutaten, mit dem Bedacht auf Regionalität.
- das Fruchteis ist glutenfrei und ohne Geschmacksverstärker.
- es gibt weitere Filialen sowie auch Eisautomaten in anderen Stadtteilen Nürnbergs.
- für weitere Infos, aktuell auf der Homepage: *www.eisimglueck.de/#wo-sie-uns-finden*

7.
Saisonale Aktionen und Feste

Erfahrungsfeld der Sinne

Johann-Soergel-Weg Wöhrder Wiese, 90489 Nürnberg

Hier werden Forscherkinder und Quatschköpfe zum Entdecken & Staunen gebracht

Das Erfahrungsfeld zur Entfaltung der Sinne liegt direkt an der Pegnitz auf der Wöhrder Wiese. Über 100 Erlebnisstationen laden dich und dein Kleinkind im Sommer zum Staunen, Entdecken und Ausprobieren ein. Forschergeist und Tatendrang werden hier auch bei den ganz kleinen Kindern spielerisch angeregt.

Öffnungszeiten von Mai bis September
Mo – Fr 9 - 18 Uhr | Sa 13 - 18 Uhr | So 10 - 18 Uhr

WÖHRD

Hinweise und Besonderheiten:

- ○ Kinder unter 3 Jahren sind frei. Reguläre Einzelkarten kosten für Erwachsene 9,50 € // Kinder 8,- € (Stand 2023).
- ○ Menschen mit Beeinträchtigungen oder im Besitz eines Nürnberg-Passes erhalten 50 % Ermäßigung.
- ○ es können Geburtstage mit vorheriger Anmeldung gefeiert werden.
- ○ es gibt preiswerte und lohnende Saisonkarten sowie Gruppen- und Familienpreise.
- ○ ein Besuch ist auch bei schlechtem Wetter eine gute Idee → es gibt viele Entdeckerstationen im Zelt und es ist weniger los.
- ○ es kann zu abweichenden Öffnungszeiten in den Schulferien und Feiertagen kommen.
- ○ für weitere Auskünfte und Gruppenanmeldungen bitte telefonisch melden: *0911 2315445*
- ○ weitere Informationen gibt es auf der Internetseite *www.erfahrungsfeld.nuernberg.de*

ANFAHRT

ÖPNV:
U2+U3 | Haltestelle Wöhrder Wiese
PKW:
Parkmöglichkeiten in der Höhe Prinzregentenufer,
Keßlerplatz

 **Volksfest**

Volksfestplatz, 90471 Nürnberg

unvergessliche Familienmomente

Das zweitgrößte Volksfest Bayerns reicht mit seiner Geschichte bis ins Jahr 1826 zurück. Seither gab es am Nürnberger Volksfest viele Veränderungen und neue Innovationen. So gibt es unter anderem für Familien tolle Angebote und attraktive Fahrgeschäfte für Groß und Klein.

Öffnungszeiten: Mo - Sa 14 - 23 Uhr │ So 13 - 23 Uhr
(abweichende Öffnungszeiten an Feiertagen)

Hinweise und Besonderheiten:
- o das Volksfest findet zweimal im Jahr statt:
  Frühlingsfest (2-3 Wochen über Ostern) und Herbstfest (2-3 Wochen im September vor dem regulären Schulbeginn).
- o es gibt Motto-Tage, wie das Bulldogtreffen (Frühlingsfest), Familientage mit Preisnachlässen, Kasperletheater, Schminkfee und vieles mehr.
- o weitere Infos findest du auf der Homepage: *www.volksfest-nuernberg.de/*

ANFAHRT
ÖPNV:
Tram 8+Tram 5, Bus 36 │ Haltestelle Doku-Zentrum
Bus 45 │ Haltestelle Volksfestplatz
S3 │ Haltestelle Dutzendteich *(längerer Fußweg)*
PKW:
Gebührenpflichtige Parkmöglichkeiten auf der Großen Straße, Meistersingerhalle, Schultheißallee, oder am nahegelegenen Möbelgeschäft.

DUTZENDTEICH

Kirchweihen

Im gesamten Nürnberger Raum

Tradition schlägt jeden Trend

Wenn der Kirchweihbaum aufgestellt wird, sieht man es schon von Weitem: Es ist wieder Kirchweih! Die Saison in Nürnberg beginnt in der Regel im April und endet im Oktober. Was früher ein religiöses Fest war, zeigt heute eher den Zusammenhalt innerhalb eines Stadtteils. So hat jede *Kärwa* ihren ganz individuellen Charakter, genau wie auch jeder Stadtteil seine Besonderheiten hat. Manche stellen einen Kirchweihbaum auf und organisieren Schausteller, feiern in kleinen Festzelten. Andere veranstalten auch Führungen, machen Ausstellungen oder Veranstalten einen Festumzug, wie z.B. in Almoshof oder Großgründlach.

Alle weiteren Informationen und Festdaten findest du auf der Internetseite der Stadt Nürnberg:

www.nuernberg.de/internet/stadtportal/kirchweihen.html

NÜRNBERG

Altstadtfest

Nürnberger Altstadt

Kinderaugen zum Strahlen bringen lassen

Auf dem Festgelände Insel Schütt und Hans-Sachs-Platz trifft zum Altstadtfest Tradition und ausgelassene gute Stimmung aufeinander. Das alljährliche Altstadtfest findet an zwei Wochen im September statt. An dem Markt der Familien auf dem Hans-Sachs-Platz können Eltern mit ihren Kindern viel Freude erleben. Hier gibt es Fahrgeschäfte, Essensstände und eine Aktionsbühne für Kasperletheater, Jonglage oder auch Kinderschminken.

Öffnungszeiten:
So – Do 11 - 23 Uhr | Fr – Sa 11 - 23:30 Uhr

Hinweise und Besonderheiten:
- o für jeden Besuchenden gilt: Freier Eintritt und das Erleben von Live-Musik.
- o es finden Aktionen, wie das Fischerstechen auf der Pegnitz oder der Festumzug durch die Altstadt statt.
- o für weitere Informationen und Aktuelles: *www.altstadtfest-nuernberg.de*

ANFAHRT

ÖPNV:
U1 | Haltestelle Lorenzkirche
Tram 8 | Haltestelle Marientor
PKW:
Parkhaus Karstadt

LORENZ

Brückenfestival

unter der Theodor-Heuß-Brücke, 90419Nürnberg

Unter freien Himmel Live Musik erleben

Das Brückenfestival ist ein „Umsonst und Draußen" Fest auf den Nürnberger Pegnitzwiesen. Es findet jährlich im August statt und ist ein komplett ehrenamtlich organisiertes und kostenloses Event und bietet Musik und Kultur für Groß und Klein. Bei schönem Wetter kannst du gemütlich auf der Picknickdecke die Seele baumeln und das Festival auf dich wirken lassen. Für Kinder gibt es ein kreatives und schön gestaltetes Kinderprogramm.

Hinweise und Besonderheiten:
- auf der Hauptbühne gibt es Musikacts für Kinder und auf dem weiteren Festivalgelände Bastel- und Spielangebote.
- es gibt eine Vielfalt an Essens- und Getränkeständen sowie auch einige Verkaufs- und interessante Infostände.
- weitere Informationen findest du auf der Homepage: *www.bruecken-festival.de*
- die Anfahrt mit ÖPNV bzw. Fahrrad ist empfehlenswert.

ANFAHRT

ÖPNV:
Tram 6 | Haltestelle Westfriedhof
U1 | Haltestelle Maximilianstraße

ST. JOHANNIS

97

Afrika Festival

Theodor-Heuss-Brücke, 90419 Nürnberg

Kultur an den Pegnitzwiesen

Das Festival findet jährlich unter freiem Himmel an vier Tagen im Juni unter der Theodor-Heuss-Brücke statt. Es wird mit dem Ziel veranstaltet, den Menschen ein anderes Bild von dem afrikanischen Kontinent und den Menschen zu vermitteln. Es gibt Live-Konzerte, die Möglichkeit auf den umliegenden Pegnitzwiesen das Festival auf sich wirken zu lassen, aber auch Filmvorführungen, Workshops und ein ausgefallenes Kinderprogramm können Groß und Klein begeistern.

Hinweise und Besonderheiten:
- es besteht freier Eintritt für jede Person.
- Es gibt einige Verkaufsstände und kulinarisches Essen zu entdecken.
- die Anfahrt mit ÖPNV bzw. Fahrrad ist empfehlenswert.
- alle weiteren Infos auf der Homepage: *www.afrosommerfestival-nuernberg.de*

ANFAHRT

ÖPNV:
Tram 6 | Haltestelle Westfriedhof
U1 | Haltestelle Maximilianstraße

ST. JOHANNIS

98

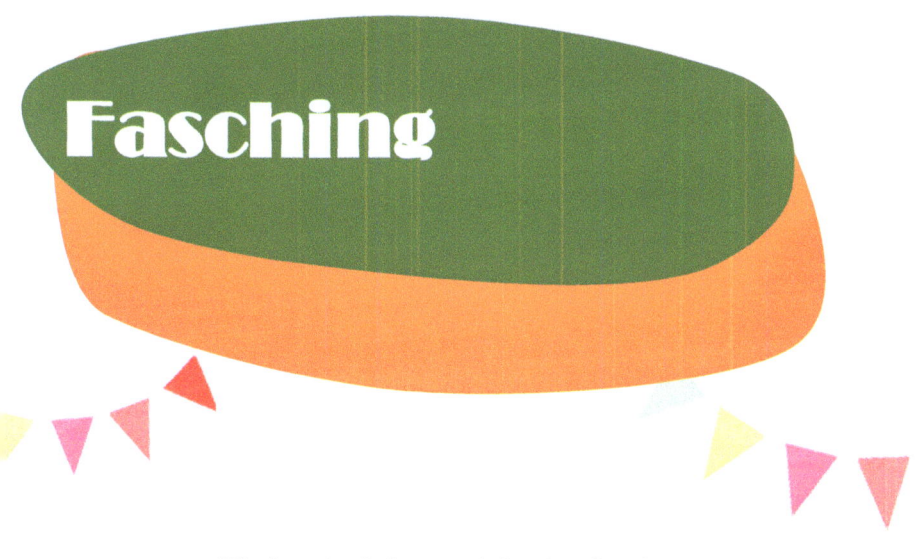

Fasching

Die bunte Jahreszeit in der Großstadt

Der Fasching ist eine besonders lebhafte und farbenfrohe Zeit in Nürnberg, Jedes Jahr zieht das Fest zahlreiche Menschen an, um gemeinsam die fröhliche Stimmung und die ausgelassene Atmosphäre zu genießen. Der alljährliche große Faschingsumzug in Nürnberg kann auf unsere Kleinkinder laut und furchteinflößend wirken und bietet als Alternative ein Ferienhighlight. Nämlich den Rosenmontags Kinderfaschingszug, der sich durch die Nürnberger Innenstadt schlängelt. Vertreten sind unter anderem Nürnberger Kindergärten, Faschings- und Sportvereine, Freizeiteinrichtungen oder auch Schulklassen, die hier bunt gestaltende Kostümkreationen und Showeinlagen zeigen.

Außerdem werden in den Gemeinde-, Pfarr- und Vereinshäusern der einzelnen Stadtteile eigene Faschingsfeiern organisiert.

NÜRNBERG

St. Martin

Laternenzug zum Martinstag

Traditionell findet jährlich der St. Martinsumzug statt, an dem Familien mit Kindern und den selbstgebastelten Laternen teilnehmen. Kinder ziehen durch die Straßen, tragen Laternen und singen Lieder. Am Martinstag gedenken Menschen dem Heiligen Martin von Tours, der einst seinen Mantel mit einem frierenden Bettler teilte. An der Spitze der Umzüge findet sich meist ein Schauspieler (oftmals mit Pferd), der den barmherzigen Bischof verkörpern soll und in manchen Gemeinden auch von Posaunen- und Trompetenbläsern begleitet wird.

Sie finden in den Kindergärten unserer Kleinen statt, aber auch in den einzelnen Gemeinden bzw. Stadtteilen, in Zusammenarbeit mit der Kirche. Ganz bekannt und lohnenswert sind hier die St. Martinsfeste in den bekannten Stadtkirchen, wie St. Lorenz- und Sebalduskirche.
Empfehlenswert ist es sich auf der jeweiligen Internetplattform der Gemeinden nach Umzugsterminen zu informieren.

NÜRNBERG

Bardentreffen

Das Weltmusikfestival bringt jedes Jahr die Nürnberger Altstadt zum Klingen

Ende Juli herrscht an einem Wochenende in der Nürnberger Innenstadt drei Tage lang musikalischer Ausnahmezustand. Hier kannst du rund 90 Konzerte auf acht Bühnen, wie z.B. am Hauptmarkt oder Lorenzer Platz erleben. Überall ist ausgelassene Stimmung, Kinder können zur Musik tanzen und Bands jenseits der großen Bühnen in den Gassen hautnah entdecken. Ein zusätzliches Programm für Familien findest du auf dem Gelände der Insel Schütt.

Hinweise und Besonderheiten:
- der Eintritt ist für jede Person frei.
- es gibt eine Vielfalt an Essens- und Getränkeständen.
- alle weiteren Infos findest du auf der Homepage: *www.bardentreffen.nuernberg.de*

ANFAHRT

ÖPNV:
U1 | Haltestelle Lorenzkirche
Bus 36 | Haltestelle Hauptmarkt
PKW:
Parkhaus Karstadt

LORENZ, ST. SEBALD

Kinder-Weihnachtsmarkt

Hans-Sachs-Platz 1, 90403 Nürnberg

Weihnachtszauber für Groß und Klein

Neben dem traditionellen Christkindlesmarkt am Hauptmarkt findet etwas abseits die Kinderweihnacht auf dem Hans-Sachs-Platz statt. Sie ist bekannt für ihr Nostalgiekarussell, die Dampfeisenbahn, Mitmachbuden und Verkaufsstände mit Leckereien. Die kindgerechten Angebote sind für Kinder ein einmaliges Erlebnis und lässt die Vorfreude auf Weihnachten steigern.

Öffnungszeiten: Mo – So 10 - 20 Uhr

Hinweise und Besonderheiten:
- o an Heiligabend gibt es verkürzte Öffnungszeiten.
- o die Kinderweihnacht beginnt in der Regel am Freitag vor dem ersten Adventssonntag. Ein Besuch an den ersten Tagen ist empfehlenswert, da es keinen größeren Andrang durch Touristen, Kindergartengruppen und Schulklassen geben wird.
- o zwar ist der Eintritt frei, dafür sind die Fahrgeschäfte, Speisen und Getränke etwas teurer.
- o alle weiteren Infos auf der Homepage: *www.christkindlesmarkt.de/fuer-kinder/kinderweihnacht*

LORENZ

ANFAHRT

ÖPNV:
U1 | Haltestelle Lorenzkirche
U2+U3 | Haltestelle Wöhrder Wiese
Tram 8 | Haltestelle Marientor
PKW:
Parkhaus Karstadt

8.
Tierische Unternehmungen

Tiergarten

Am Tiergarten 30, 90480 Nürnberg

Großzügige Gehege mit vorwiegend freiem Blick

Der Tiergarten ist ein 65 Hektar großer Landschaftszoo am Stadtrand, in dem etwa 300 Tierarten gehalten werden, darunter zahlreiche gefährdete Arten. Das Besondere ist die gelungene Einbettung der Anlage in die vorhandene Landschaft des Nürnberger Reichswalds, mit weitläufigen Steppengebieten, größeren Wasserflächen und Wald. Egal ob Löwen, Eisbären, Delfine oder der Streichelzoo – es gibt so viel zu sehen. Mit einem Tagesausflug können nicht nur Tiere beobachtet, sondern auch mit dem zooeigenen Zug gefahren und an einigen Orten gemütlich Essen verzehrt werden, während die Kinder auf einen der zahlreichen Spielplätze schaukeln oder den Wald erkunden.

TIERGARTEN

Hinweis und Besonderheiten:

- o Eintrittspreise (Stand 01/2025):
  - Erwachsene ab 18 Jahren: 20,00 €
  - Jugendliche, 14 - 17 Jahren: 15,00 €
  - Kinder, 4 - 13 Jahren: 9,40 €
  → Kinder unter 4 Jahren haben freien Eintritt.
- o Öffnungszeiten im Sommer: Mo – So 8 - 18:30 Uhr.
- o der letzte Einlass ist um 16 Uhr, die tägliche Schließung der Tierhäuser ist in der Regel um 16:15 Uhr.
- o im Winter sind die Öffnungszeiten verkürzt und einige Tiere sind ausquartiert.
- o es gibt Angebote und Reduzierungen mit den Familien-, Jahres- und Gruppenkarten. Auch Senioren, InhaberInnen mit dem Schwerbehindertenausweis oder dem Nürnberg-Pass haben Möglichkeiten für Ermäßigungen.
- o weitere Informationen findest du immer aktuell auf der Homepage: *www.tiergarten.nuernberg.de*

ANFAHRT

ÖPNV:
Tram 5+11, Bus 45 | Haltestelle Tiergarten
PKW:
Parkmöglichkeiten vor Ort

Erlebnisbauernhof: Streichelzoo und Kutschenfahrt

Der Drechsler Hof ist ein Geheimtipp für ein tierisches Erlebnis und vielen weiteren Überraschungen. Neben der Kutschenfahrt sind u.a. Hasen, Esel und Ziegen zu bestaunen. Zum einen kann hier Natur erlebt werden und zum anderen können Kinder mit bereitgestellten Fahrzeugen über den Hof flitzen. Langweilig wird es hier auf jeden Fall nicht und die Hoffamilie gestaltet die Sonntage und hauseigenen Feste sehr liebevoll mit einer kleinen Auswahl an Speisen.

Öffnungszeiten:
So und Feiertage ab 14 Uhr, oder nach Vereinbarung.

ALMOSHOF

<u>Hinweise und Besonderheiten:</u>

- o über Neuigkeiten und Feste wirst du immer aktuell auf der Homepage informiert: *www.gartenbau-drechsler.de/*
- o während des Besuchs können im Hintergrund Flugzeuge beim Starten und Landen beobachtet werden.
- o der ideale Ort, um Kindergeburtstage mit Kutschenfahrt zu feiern oder einen Besuch mit dem Kindergarten zu planen.
- o vor Ort steht die RegioHütte. Hier erhältst du frisches saisonales Gemüse und sie hat täglich von 9 bis 20 Uhr geöffnet.

ANFAHRT

ÖPNV:
U2 | Haltestelle Flughafen *(längerer Fußweg)*
Bus 30 | Haltestelle Sonntagsweg
Tram 10 | Haltestelle Bamberger Str. *(längerer Fußweg)*
PKW:
Parkmöglichkeiten direkt vor Ort,
auf dem hauseigenen Parkplatz

Damwild Freigehege

90562, Neunhofer Forst

Damwildgehege am Nürnberger Stadtrand

Im Nürnberger Reichswald liegt ein schönes Gehege mit Damwild. Da es fern von der lauten Stadt liegt, lädt das große Damwildgehege nicht nur zum Staunen ein, sondern bietet zugleich die Möglichkeit einen Familienspaziergang oder einer Laufradtour zu machen.

Hinweise und Besonderheiten:
- o direkt am Gehege ermöglicht eine Beobachtungskanzel einen Überblick über das Gehege zu bekommen und ist kostenfrei.
- o das Füttern der Tiere ist jedoch verboten.

ANFAHRT

ÖPNV:
Bus 31 | Haltestelle Neunhof
(längerer Fußweg 2,2 km)
PKW:
Parkmöglichkeit am Wanderparkplatz,
direkt vor Ort

NEUNHOF

Erlebnishof

Johann-Sperl-Str. 20, 90427 Nürnberg

Pferde – Natur - Glückserlebnis

Der Erlebnishof in der Nürnberger Außenstadt ist ein liebevoll gestalteter und gepflegter Ponyhof. Der perfekte Ort zum Ponyreiten und bestaunen. Zum Ausgleich können Kinder auf dem kleinen Spielplatz klettern, sich mit einem Erfrischungsgetränk stärken und die Eltern mit einem Kaffee entspannen.

Öffnungszeiten: immer aktuell auf der Homepage
(Öffnungszeiten variieren je nach Jahreszeit)

Hinweise und Besonderheiten:
- eine Terminbuchung für das Ponyreiten ist unabdingbar. Außerdem können Kindergeburtstage sowie auch die
- Ferienwohnungen gebucht werden.
- das Ponyhof-Café hat nur am Wochenende und am schönen Wetter geöffnet.
- Terminbuchung und weitere Infos auf der Homepage: *www.erlebnishof-nuernberg.de/*

ANFAHRT

ÖPNV:
Tram 4+10 | Haltestelle Am Wegfeld
PKW:
Parkmöglichkeiten vor Ort

Bildquelle: Erlebnishof

NEUNHOF

Tinkerfreunde

Ziegelsteinstr. 244, 90411 Nürnberg

Begegnungsstätte für Mensch und Tier

Im Stadtteil Ziegelstein liegt der gemeinnützige Reiterhof Tinkerfreunde, die eine Begegnungsstätte für Menschen und Tiere sein soll. Neben den Pferden gibt es auch Ziegen, Schafe, Kaninchen, Meerschweinchen, Kühe und Esel. Ein Vorbeifahren lohnt sich auf jeden Fall.

Öffnungszeiten:
aktuelle Öffnungszeiten immer auf der Homepage und nach Absprache

Hinweise und Besonderheiten:
- o Reitangebote mit vorheriger Reservierung:
  Für jüngere Kinder hat der Reiterhof ihre Zwergengruppen am Mittwoch- und Donnerstagnachmittag, sowie einmal im Monat am Sonntagvormittag das Ponyreiten.
- o Besuche zum Anschauen der Tiere sind jederzeit willkommen.
- o Öffnungszeiten können je nach Ferienzeiten und individuellen Absprachen variieren.
- o weitere Informationen auf der Homepage:
  www.tinkerfreunde-nuernberg.de

ZIEGELSTEIN

Bildquelle: Tinkerfreudne

ANFAHRT

ÖPNV:
U2 │ Haltestelle Ziegelstein,
anschließend
Bus 21 │ Haltestelle
Buchenbühler Weg.
PKW:
Parkmöglichkeiten vor Ort

9.

Fahrradverleih

Radfahren in der Großstadt ist nicht nur ein umweltfreundliches Fortbewegungsmittel, sondern auch eine großartige Möglichkeit, die Stadt aus einer neuen Perspektive zu erleben. In Zeiten, in denen der Verkehr immer dichter wird und die Luftverschmutzung zunimmt, gewinnt das Rad steigend an Beliebtheit.

Allerdings gibt es auch einige Herausforderungen, die Radfahrerende in der Großstadt meistern müssen. Und so ergibt sich die Frage: Mit dem Fahrrad in Nürnberg unterwegs sein, aber auf welchen Wegen? - Denn die Verkehrsdichte kann besonders mit Fahrradanhänger gefährlich werden. Eine gute Sichtbarkeit und defensive Fahrweise sind daher unerlässlich.

Für eine bessere Planung und um einen Überblick zu bekommen, gibt es für Nürnberg den Fahrradstadtplan. Hier sind für Radfahrende geeignete Routen markiert. Radwege sowie auch Waldwege.

Der Online-Fahrradstadtplan für Nürnberg ist auf der Homepage zu finden:
www.nuernberg.de/internet/verkehrsplanung/fahrradstadtplan.html

Zudem gibt es auch eine Möglichkeit Fahrräder zu mieten. Zwei Anbieter werden auf den folgenden Seiten aufgezeigt.

Rent-a-bike

Dovestraße 10, 90459 Nürnberg

Familienfreundlicher Fahrradverleih

Hier kannst du Fahrräder und Pedelecs verschiedenen Typs tageweise ausleihen. Zubehör zum Ausleihen ist für Familien sehr wertvoll. So gibt es beispielsweise Radanhänger, Kartenmaterial, Flickzeuge, Kindersitz sowie auch Kinderräder, Helm und Packtaschen. Der Verleih ist gerne an Personen gerichtet, die in Nürnberg zu Gast sind, die Stadt und die Umgebung per Rad entdecken möchten.

Hinweise und Besonderheiten:
- o die Lieferung der Fahrräder ist gegen eine Gebühr möglich.
- o Reservierung ist telefonisch *(0911/99447059)* und per E-Mail *(info@rentabike-nuernberg.de)* unter Angabe des Namens, Anschrift und Telefonnummer möglich.
- o Alle weiteren Infos immer aktuell auf der Homepage: *www.rentabike-nuernberg.de*

ANFAHRT

ÖPNV:
U1 | Haltestelle Maffeiplatz
Tram 5+11 | Haltestelle Aufsessplatz
PKW:
wenige Parkmöglichkeiten
in den umliegenden Seitenstraßen

LICHTENHOF

2000 leichtgängige Achtgang-Räder in der Stadt verteilt

Egal ob für eine kurze Fahrt von A nach B oder eine ganztägige Radtour – das VAG-Rad kannst du überall und jederzeit in der Stadt ausleihen. Den Überblick, an welchen Punkten die Räder stehen, kannst du dir über die App schaffen. Die VAG bietet zudem Lastenräder zum Ausleihen, womit ganz einfach ein Kleinkind mitfahren kann.

Hinweise und Besonderheiten:
- o Für den Überblick kannst du die VAG-Rad-App downloaden oder registrieren unter der Website *www.vagrad.de*. Nach der erfolgreichen Registrierung kannst du mittels des QR-Codes das Rahmenschloss am Rad öffnen.
- o Rückgabe: Innerhalb der Flexzone oder einer VAG-Rad-Station. Vergiss nicht den Hebel am Rahmenschloss fest nach unten zu drücken. Sonst läuft die Ausleihzeit weiter.
- o Kostenpunkt: Basistarif: 5 Cent/Minute >200 Minuten. Der Ausleihhöchstsatz liegt bei 24 Stunden für 10 Euro. (Stand Frühjahr 2024)
- o Abo-Kunden des VGN stehen monatlich 600 Freiminuten zur Verfügung.
- o Helm nicht vergessen!

FLEXZONE

10.
Schwimmbad

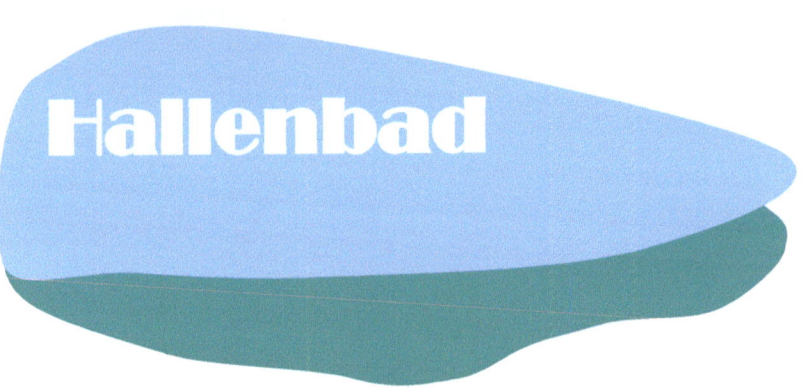

Hallenbad

In der gesamten Stadt stehen Hallenbäder bereit, die zum Schwimmen und Planschen einladen. Mit Wasserrutschen, Sprungbrettern und speziellen Kinderbecken bieten sie Familien jede Menge Freude und Unterhaltung.

Allgemeine Hinweise und Besonderheiten:
- o Kartenzahlung ist in den Hallenbädern möglich.
- o es gibt vergünstigte Familien- und Gruppentickets.
- o außerdem besteht die Möglichkeit eines ermäßigten Eintritts für Personen mit Schwerbehindertenausweiß oder eines Nürnberg-Passes und für Jugendliche, die zur Schule gehen.
- o Kinder unter 6 Jahren sind frei.
- o aktuelle Preisangaben, veränderte Öffnungszeiten und auch Schwimmkursangebote kannst du immer aktuell unter der Homepage finden:
  www.nuernbergbad.nuernberg.de

NORDOSTBAD
Elbinger Straße 85, 90491 Nürnberg, Schoppershof
Öffnungszeiten:
Mo – Mi, Fr – Sa 7 - 22 Uhr | So 8 - 22 Uhr
Anfahrt:
ÖPNV: U2 | Haltestelle Nordostbahnhof
      Bus 30+35+46+65 | Haltestelle Nordostbahnhof
PKW: Parkmöglichkeiten in den Seitenstraßen

Hinweise und Besonderheiten zum Kleinkinderbereich:
- Kleinkinderbereich hat ein Planschbecken mit Spielgerät „Kaskade", Staustufen und einem Wasserrad.
- beheizte Wärmebank bietet Platz für Ruhepausen.

LANGWASSERBAD
Breslauer Straße 251, 90471 Nürnberg, Langwasser
Öffnungszeiten:
Mo – Fr 13 - 22 Uhr | Sa – So 8 - 22 Uhr
Anfahrt:
ÖPNV: U1 | Haltestelle Langwasser Mitte
      Bus 50+56+57 | Haltestelle Langwasser Bad
PKW: Parkmöglichkeiten vor Ort

Hinweise und Besonderheiten zum Kleinkinderbereich:
- Kleinkinderbereich hat ein Planschbecken mit Spritzkanonen, einem Wasserdrachen und einer Kleinkindrutsche.
- Wassertiefe: 0,20 m – 0,45 m.
- Angebote an Schwimmkursen, deren Kursanmeldungen auch online möglich sind.

SÜDSTADTBAD

Allersberger Straße 120, 90461 Nürnberg, Glockenhof

Öffnungszeiten:

Mo, Mi – Fr 10 - 22 Uhr | Di 10 - 21 Uhr |

Sa – So 8 - 22 Uhr

Anfahrt:

ÖPNV: U1 | Haltestelle Maffeiplatz

Tram 6 | Haltestelle Schweiggerstraße

Tram 7 + 8 | Haltestelle Wodanstraße

PKW: Parkmöglichkeiten vor Ort

Hinweise und Besonderheiten zum Kleinkinderbereich:

- o Kleinkinderbereich ist abgetrennt von anderen Bereichen und hat eine Rutsche, Spielecke und Wärmebänke zum Ausruhen.
- o Kleinkinderbereich ist höher temperiert (31°C).
- o es gibt einen separaten Wickelraum
- o Kinderspielplatz auf der Wiese beim Schwimmbecken Außenbereich.
- o das Schwimmbad hat zudem eine Röhrenrutsche und Sprunganlage.
- o Angebote an Schwimmkursen.

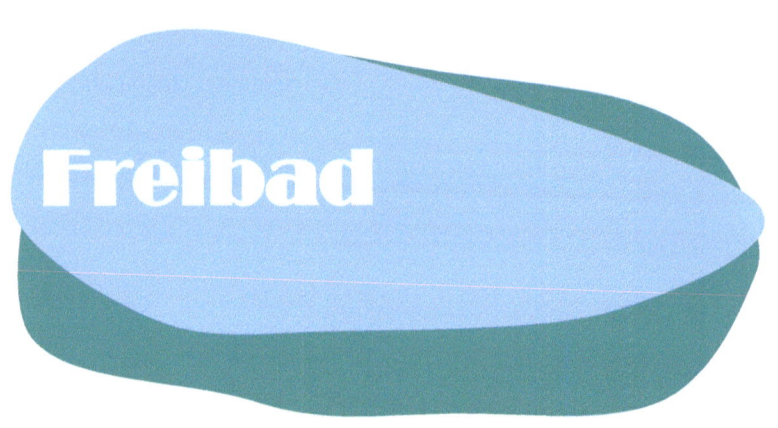

Freibad

Sommerzeit ist Freibadzeit

Nürnberg hat in jeder Ecke der Stadt Freibäder anzubieten. Wenn die Temperaturanzeige mal wieder jegliche Hitzerekorde knackt, ist es höchste Zeit, einen kühlen Ort aufzusuchen. Was eignet sich inmitten von Nürnberg mehr dafür als die schönen Freibäder.

Allgemeine Hinweise und Besonderheiten:
- o Öffnungszeiten können in den Schulferien variieren.
- o genaue Preisangaben und veränderte Öffnungszeiten immer aktuell unter der Homepage zu finden: *www.nuernbergbad.nuernberg.de*

STADIONBAD
Hans-Kalb-Straße 42, 90471 Nürnberg, Zerzabelshof
Öffnungszeiten:
Mo – So, Feiertag 9 - 20 Uhr
Anfahrt:
ÖPNV: S2 | Haltestelle Frankenstadion
    Bus 44 | Haltestelle Hans-Kalb-Straße
    Bus 55 | Haltestelle Frankenstadion
PKW: Parkmöglichkeiten vor Ort

<u>Hinweise und Besonderheiten:</u>
- o Kleinkinderbereich mit Bachlauf sowie Planschbecken und Wasserspielgeräten.
- o Vorsicht: nur ein Teil des Bereiches ist mit Sonnenschutz versehen.
- o eine große Rutsche führt ins Nichtschwimmerbecken.
- o der Sprungturm mit separatem Sprungbecken bringt die Kleinen zum Staunen.
- o Kiosk mit kühlen Getränken, Pommes, Eis & Co
- o zudem ist ein Kinderspielplatz sowie eine Ballspielwiese vorhanden.

BAYERN 07

Am Pulversee 1, 90402 Nürnberg, Tullnau
Öffnungszeiten:
Mo – Fr 10 - 19:30 Uhr | Sa – So 9 - 19:30 Uhr
Anfahrt:
ÖPNV: Tram 5 | Haltestelle Arnulfstraße

Hinweise und Besonderheiten:
- o neben einem schattigen Spielplatz gibt es ein Eltern-Kind-Becken.
- o außerdem bietet das Freibad ein tiefer werdendes Nichtschwimmer-Becken mit Rutsche.
- o es ist empfehlenswert mit dem Fahrrad oder den öffentlichen Verkehrsmitteln zu kommen, da es wenige Parkmöglichkeiten vor Ort gibt.

WESTBAD

Wiesentalstraße 41, 90419 Nürnberg, St. Johannis
Öffnungszeiten:
Mo – Fr 7 - 20 Uhr | Sa - So, Feiertag 8 - 20 Uhr
Anfahrt:
ÖPNV: U1 | Haltestelle Bärenschanze
Bus 34 | Haltestelle Großweidenmühlstraße
Tram 6 | Haltestelle St. Johannisfriedhof
PKW: Parkmöglichkeiten vor Ort

Hinweise und Besonderheiten:
- o der Kleinkinderbereich hat ein Planschbecken mit Spielelementen.
- o im Nichtschwimmer-Erlebnisbecken gibt es eine Breitwasserrutsche und einen Sprungturm.
- o das Freibad hat eine weitläufige Grünfläche, mit einigen schattigen Plätzen, einer Ballspielwiese und einem Kinderspielplatz.
- o der Kiosk versorgt mit kühlen Getränken, Pommes, Eis & Co.

NATURGARTENBAD

Schlegelstraße 20, 90491 Nürnberg, Erlenstegen

Öffnungszeiten:
Mo – So, Feiertag 9 - 20 Uhr
Anfahrt:
ÖPNV: RB3 und RB31 + Tram 8 | Haltestelle Erlenstegen
PKW: wenige Parkmöglichkeiten vor Ort

<u>Hinweise und Besonderheiten:</u>
- o   der Kleinkinderbereich ist mit tollen Spielelementen versehen: Kinderrutsche, Planschbecken mit Wasserfall, Staustufen und einem Wasserrad.
- o   abgetrennt vom Kleinkinderbereich gibt es ein Nichtschwimmerbecken mit Breitwasserrutsche.
- o   es gibt viele naturgegebene schattige Plätze und einen Kinderspielplatz.
- o   der Kiosk versorgt mit kühlen Getränken, Pommes, Eis & Co.

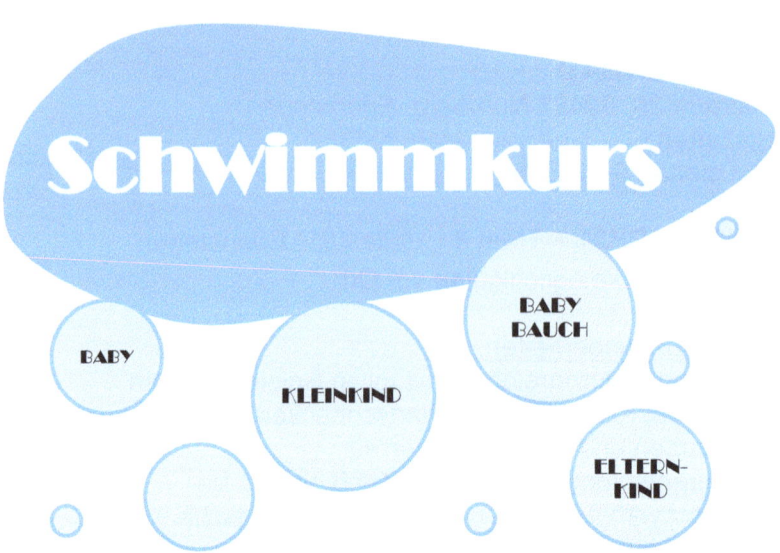

Schwimmkurs

BABY BAUCH

BABY

KLEINKIND

ELTERN-KIND

Wassergewöhnung, mit Spiel und Spaß für Kinder

In Nürnberg gibt es einige Angebote an Schwimmkursen für Babys und Kleinkinder. Die Nachfrage für Schwimmkurse ist sehr hoch und bei Interesse solltest du dich frühzeitig um einen Platz bemühen. Kein Wunder, dass Schwimmkurse beliebt sind: Denn bei rund 30°C warmen Wasser können Babys und Kleinkinder durch Plansch- und Paddelbewegungen ihre körperliche und geistige Entwicklung steigern. Baby- und Kleinkindschwimmen fördert den Körperkontakt und die Vertrautheit zwischen Eltern und Kind, dazu kommt die Erweiterung des kindlichen Bewegungsraumes, der Spaß am Wasser sowie der Austausch mit anderen Eltern und deren Kindern. Also pack Schwimmflügel und zwei flauschige Badehandtücher ein - und los geht's!

Die Kurse werden in der Regel mit 10 oder 11 Terminen angeboten. Im Folgenden werden Angebote für Schwimmkurse aufgelistet:

SIBELIUSBAD (Elterninitiative Babyschwimmen e. V.)
www.sibeliusbad.de/
Kursangebot:
- o Baby- und Kleinkinderschwimmen
- o Kurse für Kinder ohne Schwimmbad- und Taucherfahrung
- o Aufbau für Kinder mit Gruppen- und Taucherfahrung
- o Möglichkeit für das Abzeichen: Frosch und / oder See-pferdchen

Standorte der Bäder:
Sibeliusbad
Sibeliusstraße 1, 90491 Nürnberg, Erlenstegen

AQUA KITA
Langseestrasse 1, 90480 Nürnberg, Mögeldorf

POST SV
www.post-sv.de/schwimmen/schwimmabteilung/schwimmkurse
Kursangebot:
- o Babyschwimmen
- o Kleinkinderschwimmen ohne Grundkenntnisse, ab 4 Jahren mit einem Elternteil
- o Kleinkinderschwimmen mit Grundkenntnissen
- o Kursangebote speziell für den Zeitraum in den Schulferien

Standorte der Bäder:
Hallenbad Ebensee
Ziegenstraße 110, 90482 Nürnberg, Mögeldorf

WASSERPERLE

www.wasserperle.info/

Kursangebot:
- o Aqua Fitness-Babybauch-Kurs
- o Babyschwimmen 3-6 Monate, 6-12 Monate
- o Kleinkinderschwimmen mit einem Elternteil
  von 1 Jahr bis 4 ½ Jahren

Standorte der Bäder:

Veilhofstraße 38b, 90489 Nürnberg, Veilhof/ Wöhrd

(Hinweis: Sebastianspital „Sparkassenhaus" – Untergeschoss direkt am Wöhrder See)

WASSERMÄUSE

www.schwimmschule-wassermaeuse.de/

Kursangebot:
- o Babyschwimmen ab 3 Monate
- o Eltern-Kind-Schwimmen ab 2,5 Jahren
  mit einem Elternteil
- o Kinderschwimmen, ab 4 Jahren ohne Eltern

Standorte der Bäder:

Boxdorf - Boxdorfer Werkstatt

Würzburger Str. 13, 90427 Nürnberg, Boxdorf

Maximilianstraße - Zentrum für Hörgeschädigte

Pestalozzistr. 25, 90429 Nürnberg, Eberhardshof

Klinikum Süd

Breslauer Str. 201, 90471 Nürnberg, Langwasser

Nürnberg West - Tagesstätte im Zentrum für Körper- und Sprachbehinderte

Bertha-von-Suttner-Str. 29, 90439 Nürnberg, Sündersbühl

SCHWIMMSCHULE FLIPPER

www.nübad-flipper.de/

Kursangebot:

- o Babyschwimmen ab 3 Monate
- o Kleinkinderschwimmen Wassergewöhnung mit einem Elternteil ab 2 Jahre
- o Grundlagenkurs ohne Elternteil, ab 4 Jahre
- o Anfängerschwimmkurs, ab 5 Jahre

Standorte der Bäder:

Katzwangbad
Katzwanger Hauptstraße 21, 90453 Nürnberg, Katzwang

Langwasserbad
Breslauer Straße 251, 90471 Nürnberg, Langwasser

Nordostbad
Elbinger Straße 85, 90491 Nürnberg, Schoppershof

Südstadtbad
Allersberger Straße 120, 90461 Nürnberg, Glockenhof

11.
Wasserspielplatz

In Nürnberg gibt es rund 239 Spielplätze in öffentlichen Anlagen. Schöne Spielplätze, die perfekt für Kleinkinder ausgerichtet sind. Je nachdem wo du wohnst und welche Ansprüche du je nach Alter hast, findest du den perfekten Spielplatz für dich und deine Liebsten.

Im Sommer sind Wasserspielplätze sehr beliebt, aber gerne in den Stadtteilen versteckt. Ein Wasserspielplatz ist ein fantastischer Ort, an dem Kinder unbeschwert spielen und sich in der Natur austoben können. Diese speziellen Spielplätze sind mit verschiedenen Wasserelementen ausgestattet, die sowohl für Spaß als auch für Abkühlung sorgen. Deshalb gehe ich hier speziell auf eine kleine Auswahl von Wasserspielplätzen ein.

Allgemeine Hinweise:
- o das Wasser aus den Pumpanlagen ist kein Trinkwasser und der Sonnenschutz ist unverzichtbar, da häufig die Wasserspielplätze wenig Schatten bieten.
- o es kann vorkommen, dass die Wasserpumpen zu gewissen Phasen deaktiviert sind oder gewartet werden.

Marienbergpark

große Wasserstraße mit Pumpanlage

Der Marienbergpark gehört zu den größten Parks in Nürnberg und bietet ein besonderes Highlight für Kinder: den Spielplatz am Rand des Parks, der über eine große Wasserstraße mit einer Pumpanlage verfügt. Der Spielplatz ist in zwei Bereiche unterteilt: Der eine Teil ist für die kleineren Kinder gestaltet und bietet eine Wippe, eine Schaukel sowie ein Häuschen mit einer kleinen Rutsche. Im anderen Bereich finden sich eine große Rutsche, zahlreiche Klettermöglichkeiten und eine Wasseranlage

Hinweis und Besonderheiten:
- der Wasserspielplatz ist gepflastert, an manchen Stellen ist es für Kleinkinder zu steil und es benötigt Unterstützung von Großen.
- ganz in der Nähe versorgt ein kleiner Kiosk im Sommer die Parkbesuchenden mit Eis und Erfrischungsgetränken.
- neben dem Spielplatz, am Falknerweg ist eine öffentliche Toilette.

ANFAHRT

ÖPNV:
Bus 46 | Haltestelle Marienbuck
U2 | Haltestelle Nordostbahnhof *(längerer Fußweg)*
PKW:
Parkmöglichkeiten an der Braillestraße
oder an der alten Zulassungsstelle

MARIENBERG

Norikusbucht

90402 Nürnberg, am Wöhrder See

Wasserspiel und Matsch

Einen der größten Wasserspielanlagen in Nürnberg findest du in der Norikusbucht am Wöhrder See. Das Wasser fließt in den Sommermonaten von allein aus einer Quelle. Im Herzen des Spielplatzes umschließt der Wasserlauf eine große Sandfläche, in welche an verschiedenen Stellen Wasser aus dem Rinnensystem mit Klappen und Schleusen ausgeleitet werden kann. So können die Kinder das Wasser auch in den Sandkasten leiten und dort wunderbar mantschen. Alle paar Minuten findet ein Wasserspiel auf einem Platz statt, bei dem Wasser von oben herab spritzt und aus dem Boden sprudelt. Hier haben alle die Möglichkeit, sich abzukühlen, während gleichzeitig die Rinne wieder aufgefüllt wird.

Hinweise und Besonderheiten:
- o der Wasserspielbereich ist kaum von Schatten umgeben. Die umliegenden Bäume laden für Pausen im Schatten ein.
- o direkt am Spielplatz angebunden ist die Energie- und Umweltstation, die eine gebührenpflichtige öffentliche Toilette anbietet.
- o der Spielplatz ist größtenteils umzäunt.

WÖHRD

ANFAHRT

ÖPNV:
Tram 5 | Haltestelle Tullnaupark
PKW:
Großparkplatz vor der Wohnanlage Norikus am unteren Wöhrder See,
an der Haltestelle Tullnaupark

Georg-Ziegler-Weg

Georg-Ziegler-Weg, 90427 Nürnberg

Wasserspaß im schön gelegenen Stadtteil Buch

Auf dem neu angelegten Spielplatz findest du neben einer Seilbahn einen kleinen Wasserspielplatz mit Sand, sowie drei größere Klettergerüste mit Rutschen und Balancierelementen.

Hinweise und Besonderheiten:
- o du kannst Flugzeuge im Lande- und Abflug beobachten.
- o neben der Straße verläuft ein kleiner Bach.
- o es sind Tiere in den angrenzenden Gärten zu sehen. Bitte nicht füttern.
- o ab und an fahren Traktoren und reitende Personen vorbei.
- o mit den öffentlichen Verkehrsmitteln muss ein längerer Fußweg eingeplant werden. Ein Spielplatzbesuch, kombiniert mit einer Fahrradtour ist ein schöner Tagesausflug.

BUCH

ANFAHRT

ÖPNV:
Bus 33 | Haltestelle Wehrenreuthweg
Tram 4 + 10 | Haltestelle Am Wegfeld
PKW:
Parkmöglichkeiten vor Ort

Jakobsplatz

Kornmarkt 1, 90402 Nürnberg

Zwischen den Skatern munter im Wasser planschen

Mitten in der Altstadt kann eine kleine Pause vom Shoppingtrip eingelegt werden. Denn am Kornmarkt ist ein steiniger 40 Meter langer Wasserspielplatz aufgebaut und enthält Spielelemente, wie Schneckenschraube, Wasserrad und Wasserpumpe. Kleinkinder können hier auf Steinen balancieren und mit Wasser experimentieren, während sich die Erwachsenen auf Bänken ausruhen oder sich auch eine Erfrischung gönnen.

Hinweise und Besonderheiten:
- o in den Sommermonaten ist der Spielplatz immer zugänglich und mit fließendem Wasser versehen.
- o der Wasserspielplatz ist nicht abgezäunt und es gibt Autoverkehr sowie hin und wieder Skaterfahrende Personen.

LORENZ

ANFAHRT

ÖPNV:
U1+U2 | Haltestelle Opernhaus
Tram 5+8 | Haltestelle Hauptbahnhof
PKW:
Parkhaus Jakobsmarkt, Sterntor,
wenige Parkmöglichkeiten in den umliegenden Straßen

Cramer-Klett-Park
Wasserfontänen und Wasserspielplatz
Äußere Cramer-Klett-Straße, 90489 Nürnberg, Wöhrd

Hinweise und Besonderheiten:
- o der umzäunte Wasserspielplatz mit Wasserpumpe bietet viel Freude beim Planschen
- o die Wasserfontänen liegen im Grünen und es bieten sich viele Sitzplätze zum Ausruhen. Vorsicht: Barfuß ist keine gute Idee. Ab und an können Scherben auf dem Boden liegen und es besteht Rutschgefahr.

Anfahrt:
ÖPNV: U2+U3 │ Haltestelle Rathenauplatz

Bus 36 │ Haltestelle Harmoniestr.

PKW: Parkmöglichkeiten am Kesslerplatz, Äußere Cramer-Klett-Straße und in den umliegenden Straßen

Südtiroler Platz
Schattiger Spielplatz mit Wasserspielmöglichkeiten
Andreas-Hofer-Straße 15/ Innsbrucker Str. 12, 90461 Nürnberg, Hasenbuck

Anfahrt:
ÖPNV: U1 │ Haltestelle Hasenbuck,

PKW: Parkmöglichkeiten in den umliegenden Straßen

Gothaer Str.

Wasserspiel mit Pumpe und Wasserstraßen

Gothaer Str. 15, 90491 Nürnberg, St. Jobst

Hinweise und Besonderheiten:

- o es gibt wenige Parkmöglichkeiten in den umliegenden Straßen.

Anfahrt:

ÖPNV: U2 + Bus 65 | Haltestelle Nordostbahnhof

Jamnitzer Platz

Kinderspielparadies in der Jamnitzer Parkanlage

Ob. Seitenstraße 8, 90429 Nürnberg, Gostenhof

Hinweise und Besonderheiten:

- o ein eingezäunter Spielplatz mit Wasserspiel sowie ein Brunnen am Platz.
- o es gibt wenige Parkmöglichkeiten in den umliegenden Straßen.

Anfahrt:

ÖPNV: U1 | Haltestelle Gostenhof

　　　　 S1 | Haltestelle Rothenburger Straße

Wismarer Straße

Füße abkühlen im kleinen Bach

Wismarer Straße, 90425 Nürnberg, Thon

Hinweise und Besonderheiten:

- o der Kinderspielplatz liegt nahe des Fließgewässers Wetzendorfer Landgraben, an dem sich Kinder im Sommer abkühlen können.
- o vor allem die vielen Tunnels und die Bepflanzung mit Gräsern, durch die verschlungene Pfade führen, regen die Fantasie beim Spielen an.
- o im Sommer gibt es wenige schattige Plätze.
- o es gibt Parkplatzmöglichkeiten in den umliegenden Straßen.

Anfahrt:

ÖPNV: Tram 4 + 10 | Haltestelle Thon

Seitenstraße Christoph-Weiß-Straße, 90419 Nürnberg

schattiger Platz zum Matschen

Gleich an der Theodor-Heuss-Brücke versteckt sich hinter den Bäumen ein schattiger und umzäunter Spielplatz. Neben Schaukel, Rutsche und Wippe gibt es einen weiteren Bereich für Wasserspaß an heißen Sommertagen. Zwei Wasserpumpen mit kleinen Wasserstraßen, Matschtischen und viel Sand sorgen hier für viel Begeisterung.

Hinweise und Besonderheiten:
- o der Spielplatz hat seine besten Zeiten hinter sich. Er wirkt etwas abgenutzt, aber dennoch stabil und Kinder haben viel Freude am Matschen.
- o eine öffentliche Toilette gibt es auf Höhe des Freibades Westbad.

ST. JOHANNIS

ANFAHRT

ÖPNV:
Tram 6 | Haltestelle Westfriedhof
U1 | Haltestelle Maximilianstraße
(*längerer Fußweg*)
PKW:
Parkmöglichkeiten in den
umliegenden Straßen

Apinusstraße

Wasser- und Kletterspaß, mit dem Blick auf die Bahn-schienen und den Wöhrder See

Ein abwechslungsreicher Spielplatz im Osten von Nürnberg: der Spielplatz bietet ein Gelände zum Rennen und Verstecken spielen an, hat abwechslungsreiche Geräte zum Klettern und Toben. Das Highlight ist die Wasserpumpe und deren Möglichkeit mit dem Wasser im Sand zu matschen.

Hinweise und Besonderheiten:
- o es gibt vor Ort keine öffentliche Toilette.
- o am Nachmittag bietet der Spielplatz wenig Schatten.
- o der Spielplatz ist umzäunt und fernab von großen Auto-straßen.

ANFAHRT

ÖPNV:
Straßenbahn 11+5 | Haltestelle Marthastr.
PKW:
wenige Parkmöglichkeiten
direkt am Spielplatz

MÖGELDORF

12.
Schlechtwetter Aktivitäten
&
Indoor Spielen

Stadtbibliothek

Gewerbemuseumsplatz 4, 90403 Nürnberg

Familienfreundliche Bücherei mit vielen Highlights

In der Stadtbibliothek gibt es ein vielfältiges Angebot von über 900.000 Medien - Bücher, E-Books und Hörbücher. Neben der Angebotsvielfalt ist besonders für Kinder das dritte Obergeschoss L3 ein Highlight. Hier erwartet dich eine Kinderlandschaft. Neben den sagenhaften Ausblick auf die Stadt gibt es ruhige Ecken zum Lesen, einen Spielturm, der einer kleinen Burg gleicht, sowie auch einen Trinkautomaten, kindgerechte Regalhöhen. Wickelplätze und Toiletten in unmittelbarer Reichweite.

Öffnungszeiten: Mo – Fr 11 - 19 Uhr │ Sa 11 - 16 Uhr

ANFAHRT

ÖPNV:
Tram 8 │ Haltestelle Marientor
U1+U2+U3 │ Haltestelle Hauptbahnhof
(mit kurzem Fußweg)
PKW:
Parkhaus Karstadt

LORENZ

Hinweis und Besonderheiten:

- Jahresgebühr für die Bücherausleihe liegt im Jahr 2024 bei 20 € für Erwachsene. Kinder und Jugendliche unter 18 Jahren können sich kostenlos anmelden. Ermäßigungen gibt es bspw. mit dem Besitz eines Nürnberg-Pass. Alle weiteren Infos gibt es vor Ort an der Information der Stadtbibliothek.
- an Sonn- und Feiertagen bleibt die Bücherei geschlossen, jedoch ist eine Bücherrückgabe auch außerhalb der Öffnungszeiten möglich.
- am Wochenende werden kostenlose Vorlesestunden angeboten.
- außerdem gibt es die Möglichkeit, TipToi-Bücher, Tonie-Figuren und CDs auszuleihen.
- ein anschließender Spaziergang über die Brücken in Richtung Insel Schütt, wo sich ein Spielplatz befindet, ist sehr empfehlenswert.
- die Kinderlandschaft mit der Leseburg stellt keinen offiziellen Spielplatz dar, weshalb eine gewisse Ruhe wünschenswert ist.

Fahrerlose Bahn

Eine Fahrt durch den Tunnel erleben

Dort wo normalerweise die Fahrerkabine die Aussicht nach vorne versperrt, ist in der U-Bahn in Nürnberg ein Fenster. Nicht nur Kinder schauen gerne zu, wie die Bahn von Station zu Station durch dunkle Tunnel fahren und die einzelnen U-Bahnhöfe heranrauschen. Ein Bestaunen für die ganze Familie.

Öffnungszeiten:
Betriebszeit ist täglich zwischen 5 und 1 Uhr

Hinweise und Besonderheiten:
- Kinder unter 6 Jahren fahren kostenlos mit.
- die U-Bahn-Linien U2 und U3 fahren vollkommen autonom von Bahnhof zu Bahnhof.

ANFAHRT

ÖPNV:
U2 Röthenbach – Flughafen
U3 Gustav-Adolf-Straße – Nordwestring
PKW:
Parkmöglichkeiten z.B.
Park+Ride Herrnhütte,
Parkhaus am Flughafen

GESAMTES STADTGEBIET

1000 qm Spiel- und Erlebnisbereichs im KIBALA

Im DB- Museum gibt es zahlreiche Nach- und Modellbauten von Lokomotiven und Wagons zu sehen. Mit dabei sind auch einige, komplett eingerichtete königliche Wagons von Kaiser Ludwig II. Es gibt den Besuchenden einen guten Überblick über die Entstehungsgeschichte der Bahn von der Zeit von Hitler bis in die heutige Zeit der modernen ICE. Das absolute Highlight für Kleinkinder ist das Kinder-Bahnland (kurz KIBALA). Die Kinderwelt ist ein Spiel- und Erlebnisbereichs auf einer Fläche von rund 1000 m², mit einer Miniaturbahn zum Mitfahren. Die Fahrkarte erhält jedes Kind ab 3 Jahren kostenlos mit der Eintrittskarte an der Museumskasse.

Öffnungszeiten: Di – Fr 9 - 17 Uhr | Sa – So 10 - 18 Uhr

ANFAHRT

ÖPNV:
U2+U3 | Haltestelle Opernhaus
S1+S2 | Haltestelle Nürnberg Hauptbahnhof
(über den Westausgang des Hauptbahnhofs erreichst du das DB-Museum in nur wenigen Gehminuten)
PKW:
Parkmöglichkeit im
Parkhaus Sterntor oder City-Park-Center

TAFELHOF

Hinweise und Besonderheiten:

- es kann an Feiertagen zu abweichenden Öffnungszeiten kommen. Tickets sind online buchbar. Infos immer aktuell auf der Homepage: *www.dbmuseum.de/nuernberg*
- im Sommer ist auch der Spielplatz im Außenbereich zu empfehlen.
- mit dem Kinderwagen kannst du den barrierefreien Seiteneingang nutzen.
- aus Brandschutzgründen sind Kinderwägen im KIBALA nicht zulässig. Kinderwagenparkplatz: 2. Obergeschoss am Aufzug oder im Erdgeschoss, Garderobenbereich.
- Vergünstigungen bei Eintrittspreisen: Familienkarten, Seniorinnen und Senioren, Studierende, Inhabende eines Schwerbehindertenausweises oder Nürnberg-Passes.
- Kinder unter 6 Jahren sind kostenfrei.
- die Zahlung mit EC- und Kreditkarte ist ab 10 Euro möglich.

Kindermuseum

Michael-Ende-Straße 17, 90439 Nürnberg

Lernspaß für die ganze Familie

Ein Museum zum Anfassen, Ausprobieren und Erforschen. Eigentlich mit der Altersempfehlung für Grundschulkinder, doch hier kommen auch die Kleinen auf ihre Kosten. Natürlich stets unter der Aufsicht eines erwachsenen Begleitenden, da die Ausstellungsstücke stets mit Sorgfalt betrachtet werden müssen.

Öffnungszeiten: Sa 14 – 17:30 Uhr │ So 10:30 - 16:30 Uhr
(Abweichungen während der Ferienzeiten und im Hochsommer.)

Hinweis und Besonderheiten:
- das Essen ist im Museum nicht gestattet. Du hast die Möglichkeit das Café Mahlzahn (Theater Mummpitz) zu besuchen oder im Foyer Kaffee und Snacks zu genießen.
- Tickets sind online erhältlich. Infos immer aktuell auf der Homepage: *www.kindermuseum-nuernberg.de*.
- für einen vergünstigten Eintritt können *Bildung & Teilhabe* Gutscheine genutzt werden.

ANFAHRT

ÖPNV:
U2+U3, S1 │ Haltestelle Rothenburger Straße
PKW:
wenige Parkmöglichkeit in den umliegenden Straßen

ST. LEONHARD

TrampolinPark Airtime

Klingenhofstraße 70, 90411 Nürnberg

Eine Freizeithalle mit 4000qm voller Action

Airtime ist die Anlaufstelle für Trampolinfans, egal ob Anfänger, Fortgeschrittene oder MiniJumper. Erlebe Trampolinspaß wie nie zuvor! Die Airtime Trampolinhalle in Nürnberg bietet 4000qm und nicht weniger als 13 Areas voller Action und Spaß.

Öffnungszeiten: variieren je nach Ferienzeit und Wochentag. Infos auf der Homepage: *www.airtimetrampolin.de*

Hinweise und Besonderheiten:
- o   für Minijumper (ab 18 Monaten) gibt es extra Zeiten.
- o   aktueller Eintrittspreis für Minijumper (Stand 01/25): Kind + Begleitperson (1,5 - 5 Jahre): ab 17 €. Buchungszeiten können vorab online eingesehen und Tickets gekauft werden.
- o   während der MiniJumper Zeiten sind auch größere Kinder in der Trampolinhalle. Kleinkinder müssen beim Springen begleitet und beaufsichtigt werden.
- o   es können Geburtstage vorab angemeldet und gefeiert werden.

ANFAHRT

U2 | Haltestelle Herrnhütte
PKW:
Parkmöglichkeiten direkt vor Ort

HERRNHÜTTE

Tucherland

3800qm zum Indoor spielen und austoben

Im Tucherland können sich Kinder auf dem größten Indoorspiel-platz Nürnbergs austoben. Es gibt verschiedene Stationen, Klettermöglichkeiten, Rutschen und vieles mehr. Bei schönem Wetter kann zudem auch der Außenspielplatz mit anlie-genden Streichelzoo genutzt werden. Für Kleinkinder gibt es in der Halle einen abgegrenzten Bereich, der speziell für die Kleinen eingerichtet ist.

Öffnungszeiten: Fr 14:30 - 18:30 Uhr | Sa – So, Feiertage 09:30 - 13:30 Uhr, 14:30 - 18:30 Uhr

ANFAHRT

ÖPNV:
Bus 31 | Haltestelle Tucherhof
PKW:
Parkmöglichkeiten direkt vor Ort

MARIENBERG

Hinweise und Besonderheiten:

o spezielles Angebot für Familien mit Kleinkindern: An ausgewählten Tagen und zu bestimmten Zeiten bieten wir „Krabbelalarm" an (online buchbar). Für Krabbelkinder ist der Eintritt frei, während Erwachsene ein Ticket erwerben müssen. Auch diese Tickets sind online erhältlich.

o überall im Gelände sind gemütliche Sitzecken eingerichtet, die für Pausen genutzt werden können.

o Kindergeburtstage können nach vorheriger Reservierung gefeiert werden. Es werden Geburtstagstische dekoriert und Speisen sowie Getränken angeboten.

o je nach Wetterlage und Ferienzeiten können die Öffnungszeiten kurzfristig geändert werden.

o Alle weiteren Infos und Ticketkauf immer aktuell auf der Homepage: *www.tucherland.de*

Thalia Kinderbereich

Karolinenstraße 53, 90402 Nürnberg

Bücherwürmer aufgepasst!

Thalia ist ein Buchhandel, der nicht nur Bücher verkauft, sondern auch Geschenkartikel, einige Spielwaren und einen Kinderbereich anbietet. Kleinkinder entdecken hier in der spielerischen Umgebung die Literatur und es kann ihnen ein positives Erlebnis mit Büchern geben. Ein Besuch in der Thalia lohnt sich.

Öffnungszeiten: Mo – Sa 10 - 20 Uhr

Hinweise und Besonderheiten:
- o   das Café im Buchhandel versorgt dich mit Leckereien und Kaffeespezialitäten.
- o   der Kinderbereich ist kein offizieller Spielplatz, eine gewisse Ruhe ist wünschenswert.

ANFAHRT

ÖPNV:
U1 | Haltestelle Weißer Turm
PKW:
Parkhaus Adlerparkhaus

LORENZ

Stadtrundfahrt in ÖPNV

Ganz bequem die Stadt erkunden

Das Schöne liegt so nah. Mit der Buslinie 36 wirst du gemütlich durch die Straßen der Altstadt kutschiert. Mit Schrittgeschwindigkeit kann der schöne Brunnen, das Rathaus betrachtet werden und man kann den Blick hoch zur Burg oder in die Weißgerbergasse schweifen lassen.

Öffnungszeiten:
tägliche Betriebszeit von ca. 5 Uhr bis Mitternacht.

Hinweise und Besonderheiten:
- o ob noch im Kinderwagen oder schon auf eigenen Beinen: Kinder unter 6 Jahren fahren kostenlos mit.
- o die Strecke hat 21 Haltestellen zwischen den Endhaltestellen Plärrer und Doku-Zentrum.
- o hinter der Buslinie 36 stecken auch 36 Sehenswürdigkeiten und sie lädt zum Entdecken und Staunen ein.
- o die Busse fahren alle 10 bis 20 Minuten.

Franken-Center

Glogauer Str. 30-38, 90473 Nürnberg

Ein Shoppingcenter für die ganze Familie

Im Franken-Center kann ein gewöhnlicher Einkaufstag mit Kindern ein toller Familienausflug werden, denn neben den rund 100 Geschäften gibt es auch hin und wieder Aktionen und Kinderspielflächen. Eine Möglichkeit für eine Auszeit zwischen einzelnen Einkäufen in den Geschäften: Platz zum Toben, Entdecken und Spaß haben und für Eltern gibt es extra Sitzflächen zum Ausruhen.

Öffnungszeiten: Mo – Sa 10 - 20 Uhr

Hinweise und Besonderheiten:
- o Gastrobetriebe und einige Shops haben schon vor den regulären Öffnungszeiten offen.
- o Bewusstsein für Nachhaltigkeit, wie z.B. ein leuchtender Klimaschutz, mit moderner LED-Technik, eine Dachbegrünung und Biodiversität.
- o weitere Infos zum Shoppingcenter findest du auf der Homepage: *www.franken-center-nuernberg.de/*

ANFAHRT

ÖPNV:
U1 | Haltestelle Langwasser Mitte
PKW:
gebührenpflichtige Parkmöglichkeiten
im Parkhaus Franken-Center

LANGWASSER

Planespotting

Flughafenstraße 100, 90411 Nürnberg

Beobachten und Staunen

Der Albrecht Dürer Airport bietet eine hervorragende Kulisse, um die Vielfalt der Luftfahrt hautnah zu erleben. Einer der besten Plätze zum Flugzeugbeobachten ist die Besucherterrasse im Flughafen. Dort hast du einen optimalen Blick auf die Rollfelder sowie Start- und Landebahnen.

Die jährlich 50.000 Flugbewegungen lassen sich auch außerhalb des Flughafens bestaunen. Wenn bspw. Flugzeuge im Osten starten oder aus dem Osten kommend landen, bietet sich am Buchenbühler Höhe ein besonders guter Blick und kann mit einem kleinen Picknick verbunden werden.

Öffnungszeiten Besucherterrasse: Mo - Fr 8 – 22 Uhr

Hinweise und Besonderheiten:
- o die frei zugängliche Besucherterrasse befindet sich im 2. Obergeschoss des öffentlichen Bereichs, zwischen Abflughalle 1 und 2.
- o In den Wintermonaten können die Öffnungszeiten abweichen.
- o ein Besuch sollte im Vorfeld mit dem Flugplan abgeglichen werden.

ANFAHRT
ÖPNV:
U2 | Haltestelle Flughafen
PKW:
Parkhaus am Airport

FLUGHAFEN

Pflanzen-Kölle

Geisseestraße 65, 90439 Nürnberg

Pflanzen shoppen wird zum Erlebnisausflug

Beim Gartencenter Pflanzen-Kölle stehen neben Pflanzen und Blumen auch Kinder im Mittelpunkt. Ein Besuch mit der ganzen Familie wird deshalb zum Erlebnisausflug. Ob Klettergarten, Gartenschule für Kids oder eine vergnügte Fahrt im Einkaufswagenauto für die Kleinsten. Kinder in jedem Alter werden hier ihre Freude haben.

Öffnungszeiten: Mo – Sa 9 - 19 Uhr

Hinweise und Besonderheiten:
- Indoor-Klettergarten ist ab 2 Jahren empfehlenswert.
- zur Adventszeit gibt es auch einen kleinen Weihnachtsmarkt.
- im Bambusgarten gibt es frisches und leckeres Essen sowie ein Angebot an Kuchen und Eis.
- Kindergeburtstage, Bastelkurse und weitere Veranstaltungen können gebucht werden.
- alle weiteren Infos auf der Homepage: *www.pflanzen-koelle.de/filialen/kinderattraktionen/*

ANFAHRT

ÖPNV:
U2 | Haltestelle Schweinau
Bus 65 | Haltestelle Hohe Marter Nord *(längerer Fußweg)*
PKW:
Parkmöglichkeiten direkt vor Ort

ST. LEONHARD

Mercado

Modernes und kinderfreundliches Shoppingcenter

Ein Besuch mit Kindern kann im Mercado zu einem angenehmen und entspannten Ausflug werden - egal ob Klamotte, Schuhe, Geschenkartikel, Lebensmittel oder Drogerie. Das Einkaufscenter hat viele gemütliche Sitzgruppen zum Verweilen, doch im ersten Stock verbirgt sich ein schön gestalteter Kinderspielbereich zum Toben der Kinder und Ausruhen der Eltern. Hier kann balanciert und geklettert werden. Eine lange Rutsche führt vom 1.Obergeschoss zum Erdgeschoss, wo ein weiteres Highlight für die ganze Familie wartet, der neu eröffnete Smyths Toys Store.

Öffnungszeiten: Mo – Sa 8 - 20 Uhr

Hinweise und Besonderheiten:
- o Baby-Wickelraum ist im 1. Obergeschoss
- o seit 2024 gibt es einen „Ninja Warrior Germany" Park im Mercado. Altersempfehlung ist jedoch erst ab 5 Jahren.
- o das Mercado öffnet zwar um 8 Uhr, jedoch öffnen einige Geschäfte erst später.
- o das hauseigene Parkhaus ist in der 1. und 2. Stunde kostenfrei und öffnet bereits um 7:30 Uhr
- o Infos immer aktuell auf der Homepage: *www.mercado-nuernberg.de*

SCHOPPERSHOF

ANFAHRT

ÖPNV:
U2 | Haltestelle Nordostbahnhof
PKW:
Parkmöglichkeiten
im Parkhaus Mercado

13.
Kindertheater

Salz und Pfeffer

Frauentorgraben 73, 90443 Nürnberg

Ein Puppentheater mit Foyer-Café zeigt Klassiker, Märchen und moderne Stücke für Groß und Klein

Das Puppentheater liegt im Herzen Nürnbergs, das schon seit 1997 wundervolle Geschichten für Groß & Klein auf die Bühne bringt! Dabei zeigen sie weit mehr als Kasperletheater: so vielseitig wie die Abenteuer und Charaktere sind, sind auch ihre Puppenarten. Das Theater bietet öffentliche Vorstellungen an sowie auch theaterpädagogische Projekte und Workshops.

Bildquelle: Salz und Pfeffer

TAFELHOF

172

<u>Hinweis und Besonderheiten:</u>

- o Altersempfehlung: Kinder im Alter von 3 - 12 Jahren.
- o Theatereingang befindet sich am Plärrer 1.
- o Tickets können auch online erworben werden.
- o bei einigen Stücken gibt es eine Teilnahmebedingung, die ein bestimmtes Alter voraussetzt. Also kein Einlass unter dem Mindestalter.
- o Kindergeburtstage können im Theater gebucht werden.
- o die Anfahrt ist mit dem ÖPNV oder mit dem Rad empfehlenswert.
- o zu den Altersangaben ist zu beachten:
  Rechenbeispiel: Wenn ein Theaterstück ab 6 Jahren ist, kann ± 2 Jahre variiert werden. D.h. die Produktion eignet sich für Kinder der Altersgruppe von 4 bis 8 Jahre. 6 Jahre ist das Kernalter, also das perfekte Alter für die Produktion.
- o Monatsprogramm und Infos immer aktuell auf der Homepage: *www.salzundpfeffer-theater.de*

Bildquelle: Salz und Pfeffer

ANFAHRT

ÖPNV:
S1/S2 | Haltestelle Steinbühl
U1+U2+U3, Tram 4+6, Bus 34+36 | Haltestelle Plärrer

Äußerer Laufer Pl. 22, 90403 Nürnberg

Ein Theater für funkelnde Kinderaugen

Mitten im Nürnberger Zentrum wurde 2007 ein Theaterneubau für das Theater Pfütze gebaut. Hochwertige Inszenierungen für Kinder und Erwachsene sowie theaterpädagogische Angebote kannst du hier finden.

Hinweise und Besonderheiten:
- o Altersempfehlung: oftmals ab 4 Jahre oder älter.
- o zur Adventszeit gibt es schöne Aktionen:
  der Waffelsonntag bedarf Reservierungen, telefonisch (*0911270790*) oder per E-Mail (*reservierung@theater-pfuetze.de*).
- o Tickets auch online buchbar. Monatsprogramm und weitere Infos immer aktuell auf der Homepage: *www.theater-pfuetze.de*
- o begrünter Theatervorplatz ohne Autoverkehr.
- o Parkhaus mit direktem Theaterzugang per Aufzug.

RATHENAUPLATZ

ANFAHRT

ÖPNV:
U2+U3 | Haltestelle Rathenauplatz
Bus 36 | Haltestelle Laufer Tor
PKW:
Parkhaus Sebalder Höfe

Troststraße 6, 90429 Nürnberg

Kleines Theater mit großartigen Inszenierungen

Rootslöffel ist ein kleines Theater für Groß und Klein. Es wird nur ein geringer Beitrag für die Karten verlangt, um die Unkosten zu stemmen. Jedoch kann jede Person für sich entscheiden zusätzlich Geld in eine Spendenbox zu geben.

Hinweis und Besonderheiten:
- o Altersempfehlung: oftmals ab 4 Jahre oder älter.
- o Anreise mit ÖPNV ist empfehlenswert.
- o Buchungsmöglichkeiten: telefonisch *0911289052* oder per E-Mail *rootsloeffel@t-online.de*
- o Monatsprogramm und Infos immer aktuell auf der Homepage: *www.rootsloeffel.de*

ANFAHRT

ÖPNV:
U1 | Haltestelle Bärenschanze
PKW:
Wenige Parkmöglichkeiten in den
umliegenden Seitenstraßen

GOSTENHOF

Mummpitz

Michael-Ende-Straße 17, 90439 Nürnberg

Seit über 40 Jahren bringt das Mummpitz Geschichten zum Staunen und Lachen für Kinder

Ein schwereloses Mädchen, ein musikalischer Fuchs, Königinnen und Ritter und andere Figuren mehr entführen die ZuschauerInnen mit mal poetischen, mal komischen und immer musikalischen Geschichten von kleinen Ängsten und großen Taten in die wunderbare Welt der Fantasie.

Hinweise und Besonderheiten:
- o   Altersempfehlung: oftmals ab 4 Jahre oder älter.
- o   es gibt günstige Tickets für Kinder, bei einigen Theateraufführungen haben Kinder unter 3 Jahren freien Eintritt.
- o   das Theater besitzt ein gemütliches Café.
- o   zusammen mit der Eintrittskarte kannst du im gesamten Großraum des VGN die Hin- und Rückfahrt kostenfrei nutzen.
- o   Tickets können auch online erworben werden. Monatsprogramm und weitere Infos immer aktuell auf der Homepage: *www.theater-mummpitz.de*

ANFAHRT
ÖPNV:
U2+U3, S1 | Haltestelle Rothenburger Straße
PKW:
Wenige Parkmöglichkeiten

ST. LEONHARD

14.
Kurse und Bildungsstätte

Familienbox

Hinterhaus, Rosenaustraße 7, 90429 Nürnberg

Ein wohlfühlender Familientreffpunkt

Die Familienbox bietet ein Zuhause für Familien in Nürnberg. Ein großes Team aus TrainerInnen und PädagogInnen geben werdenden Mamas und Eltern mit Kindern einen Treffpunkt mit vielfältigem Angebot. Dazu zählen Kurse, Seminare, Workshops, Beratungsangebote, Physiotherapie, Hebammenleistungen und vieles mehr. Rund um das Thema Schwanger werden und sein, Geburt und die ersten Jahre als Familie. Hier kannst du dich in einem herzlichen Umfeld wohlfühlen.

Hinweise und Besonderheiten:
- Tickets sind online buchbar. Alle weiteren Infos und Tickets immer aktuell auf der Homepage: *www.diefamilienbox.de*

ANFAHRT

ÖPNV:
U1+U2+U3, Tram 4+6, Bus 34+36 | Haltestelle Plärrer
PKW:
Parkmöglichkeiten in den umliegenden Seitenstraßen oder Parkhaus Erler Klinik

HIMPFELSHOF

Studio Herzschlag

Äußere Sulzbacher Straße 16, 90489 Nürnberg

Austausch in liebevoller Umgebung im Yoga-Studio

Das Studio bietet Kurse rund um die Familie von der Schwangerschaft bis zum Kindergartenkind an. Geburts- und Stillvorbereitung, Mama-Baby-Yoga, Babymassage, Musikalische Früherziehung, Schlafberatung, Kinderturnen und vieles mehr. Kleine Räumlichkeiten mit hohem Wohlfühlcharakter.

Hinweise und Besonderheiten:
- hier können Kindergeburtstage gefeiert werden, eine Raummietung für kleine entspannte Familienfeiern ist möglich.
- Kurse können online gebucht werden. Alle weiteren Infos auf der Homepage: *www.studioherzschlag.de/*

ANFAHRT

ÖPNV:
Tram 8 | Haltestelle Tauroggenstr.
U2 | Haltestelle Schoppershof
PKW:
wenige Parkmöglichkeiten in den umliegenden Straßen

VEILHOF

Mutherstudio

Kraftshofer Hauptstraße 181, 90427 Nürnberg

Dein Studio für körperliches & mentales Wohlbefinden

Das Mutherstudio ist ein Ort für werdende Mamas und die es schon sind. Im Fokus stehen hier du, dein Körper und der Nachwuchs. Deine körperliche und mentale Gesundheit wird mit einem Neugeboren oft hintenangestellt. Im Mutherstudio findest du zu dir zurück. Es gibt ein umfassendes Kursangebot, das dich als Mama wertvoll macht: Rückbildung, therapeutische Massage, Mental Health, Yoga, Workshops, Kinderkurse und vieles mehr.

Hinweise und Besonderheiten:
- einmal in der Woche wird ein Brunch & Lunch angeboten. Dazu ist eine Reservierung notwendig.
- du kannst das Studio für kleine Familienfeiern, Kindergeburtstage und Workshops anmieten.
- Kurse können online gebucht werden.
- alle weiteren Infos findest du auf der Homepage: *www.mutherstudio.com*.

ANFAHRT

ÖPNV:
Bus 31 | Haltestelle Am Kressenstein
PKW:
Parkmöglichkeiten in den umliegenden Straßenseiten

KRAFTSHOF

Zoff und Harmonie

Vordere Sterngasse 1, 90402 Nürnberg

Gemeinsam Zukunft gestalten

Zoff und Harmonie ist die Familienbildung der Katholischen Stadt-kirche in Nürnberg. Sie begleiten und fördern Mütter und Väter in ihren (Erziehungs-)Kompetenzen, bei der Aufgabenbewältigung in der Familie und schaffen Erfahrungsräume für das musisch-kre-ative-spirituelle Miteinander mit anderen Familien.

Hinweis und Besonderheiten:
- o du kannst Beratungsangebote bis hin zu Baby- und Klein-kindkursen online einsehen und buchen.
- o alle weiteren Infos findest du immer aktuell auf der Home-page: *www.zoff-harmonie.de*

ANFAHRT

ÖPNV:
U1 | Haltestelle Lorenzkirche
PKW:
Parkhaus Sterntor

LORENZ

Kinderturnen in Sporthallen

Die Möglichkeiten für Kinder in Nürnberg zu toben, zu spielen und verschiedenste Sportarten auszuprobieren, sind groß. In mehr als 100 städtischen Sporthallen gibt es 400 Bewegungs- und Sportangebote von Sportvereinen und der Stadt Nürnberg für Kinder bis 10 Jahre. Unter der Nürnberger Internetseite gibt es einen guten Überblick über Bewegungsangebote mit den dazugehörigen Sportstätten und Kontaktdaten:

→ *www.nuernberg.de/internet/sportservice_nbg/*

Hinweise und Besonderheiten:
- o   kein Kind bleibt aus finanziellen Gründen ausgeschlossen! Familien, die Sozialleistungen erhalten bzw. einen Nürnberg-Pass besitzen können günstigere Mitgliedsbeiträge/Kursgebühren erhalten.
- o   kleine und große Vereine wie Post SV, Tuspo 1888 und ATV 1873 Frankonia bieten vielseitige Bewegungsangebote an, wie zum Beispiel Tanzen, Ballsportarten, Kinderturnen, Schwimmen, Fußball, Kampfsport und vieles mehr.
- o   auf der Nürnberger Internetseite gibt es auch die Möglichkeit, unkompliziert eine Sportart, spezifisch nach Alter und Stadtteil zu suchen.

Viel Spaß beim Stöbern!

Familien-Bildungsstätte

Leonhardstraße 13, 90443 Nürnberg

Erziehungshilfen und bindungsstärkende Angebote

Für alle Familienformen und jede Altersstufe wird hier ein vielfältiges und buntes Kursprogramm angeboten. Eltern-Kind-Kurs, aber auch Gesundheits- und Präventionskurse kannst du im Familienbildungsstätte finden sowie auch an offenen Treffs/Cafés zu verschiedenen Themen teilnehmen.

Hinweise und Besonderheiten:
- neben dem Kursprogramm gibt es auch Online-Kurse per Zoom zu spannenden Alltagsthemen im Familienalltag und Beziehungen zu Partnern.
- bei Kursbuchungen gibt es Vergünstigungen für Familien, die einen Nürnberg-Pass besitzen.
- Kurse können online gebucht werden.
- alle weiteren Informationen findest du immer aktuell auf der Homepage: *www.fbs-nuernberg.de/*

ANFAHRT

ÖPNV:
U1+U2+U3, Tram 4+6, Bus 34+36 | Haltestelle Plärrer
PKW:
Parkhaus Kohlenhof, wenige Parkmöglichkeiten
in den umliegenden Straßen

GOSTENHOF

Bayerisches Rotes Kreuz

Sulzbacher Straße 42, 90489 Nürnberg

Eltern von Anfang an begleiten und unterstützen

Das Bayerische Rostes Kreuz (BRK) ist vielseitig aufgestellt. Sie vermitteln präventiv Informationen und Kompetenzen, die im Familienalltag unterstützend wirken und umgesetzt werden können. Unter *Familie* und *Eltern* versteht das BRK das Zusammenleben und die Gestaltung des Alltags mit Kindern. Dies bezieht Alleinerziehende, leibliche sowie Regenbogen-, Adoptiv- und Pflegeeltern gleichermaßen mit ein. Es gibt Kursangebote für werdende Eltern und Familien, Erste-Hilfe-Angebote am Kind oder auch Wassergewöhnungskurse.

Hinweis und Besonderheiten:
- o   Kurse können online gebucht werden.
- o   alle weiteren Infos findest du auf der Homepage:
  www.kvnuernberg-stadt.brk.de

ANFAHRT

ÖPNV:
U2+U3 | Haltestelle Rathenauplatz
Tram 8 | Haltestelle Stresemannplatz
PKW:
Parkmöglichkeiten
in den umliegenden Straßen

WÖHRD

15.
Besondere
Fachgeschäfte

baby & family

perfektes Einkaufserlebnis für werdende Eltern

Eltersdorfer Str. 23, 90425 Nürnberg, Thon

https://www.babyandfamily.de | *0911 37778330*

Öffnungszeiten:
Mo – Sa 9:30 - 19 Uhr
Anfahrt:
Tram 4+10 | Haltestelle Schleswiger Str.

Hinweise und Besonderheiten:
- o Sortiment: auf 1200 m² Verkaufsfläche findest du neben der kompletten Babyausstattung eine umfangreiche Auswahl an Spielwaren, Bücher und Kindermode.
- o es besteht die Möglichkeit vorab einen Beratungstermin zu vereinbaren.
- o du kannst auf der Homepage im Onlineshop stöbern und auch Artikel auf Filialbestand prüfen.
- o Parkmöglichkeiten gibt es direkt vor Ort.

BabyOne

vielfältiges Sortiment auf großer Verkaufsfläche

Laufamholzstraße 40-42, 90482 Nürnberg, Mögeldorf

www.babyone.de | *0911 5407180*

Öffnungszeiten:
Mo – Sa 9:30 - 18 Uhr
Anfahrt:
Tram 5+11, S2 | Haltestelle Mögeldorf

Hinweise und Besonderheiten:
- o Sortiment: Neben der Babyausstattung gibt es ein großes Angebot an Spielzeug, Büchern, Fahrzeugen und Kindermode.
- o Parkmöglichkeiten direkt vor Ort.

Babywalz

alles für Schwangere, Babys & Kleinkinder

Vordere Ledergasse 16-20, 90403 Nürnberg, Lorenz

www.baby-walz.de | *0911 2165240*

Öffnungszeiten:
Mo – Sa 10 - 19 Uhr
Anfahrt:
U1 | Haltestelle Weißer Turm

Hinweise und Besonderheiten:
- o Sortiment: Umstandsmode, Kindermode, Babyzubehör wie Kinderwagen, Babymöbel, Kindersitze und Spielzeug.
- o es können online Beratungstermine vereinbart werden.
- o Parkmöglichkeiten z.B. im Adlerparkhaus.

Blond! Kinderladen

fair – nachhaltig – regional

Vordere Ledergasse 12, 90403 Nürnberg, Lorenz

www.madeinnuernberg.de | *0911 37300894*

Öffnungszeiten:
Mo – Sa 9:30 - 19 Uhr
Anfahrt:
U1 | Haltestelle Weißer Turm

Hinweise und Besonderheiten:
- o Sortiment: individuell für jedes Kind angepasste und nachhaltige Kinderkleidung, Mitwachshosen und schöne Geschenkideen.
- o der Onlineshop kann neben der üblichen Bestellmöglichkeit auch per WhatsApp genutzt werden.
- o im Kinderladen gibt es eine schön eingerichtete Spielecke.
- o Parkmöglichkeiten z.B. im Adlerparkhaus.

ecokiosk

mit Liebe hergestellte Unikate

Eingang, Bleichstrasse, Hochstraße 2, 90429 Nürnberg, Himpfelshof

www.ecokiosk.de | *01577 3433957*

Öffnungszeiten:
nach Vereinbarung
Anfahrt:
Tram 4+6+10 | Haltestelle Obere Turnstr.

Hinweise und Besonderheiten:

- o Sortiment: individuelle Geschenke und praktische Dinge für Groß und Klein, von einem nachhaltigen Unternehmen aus Nürnberg und der Welt.
- o bewusstes Augenmerk auf Regionalität, Fairtrade und Upcycling.
- o du kannst online bestellen und deine Ware nach Vereinbarung abholen.
- o eine Anfahrt mit ÖPNV ist empfehlenswert, es gibt wenige Parkmöglichkeiten in den umliegenden Straßen.

Fachmarie

die Glücksboutique für Außergewöhnliches

Fürther Str. 50, 90429 Nürnberg, Bärenschanze

www.fachmarie.de | *0911 568 9903*

Öffnungszeiten:
Mo – Fr 10 - 19 Uhr | Sa 10 - 16 Uhr

Anfahrt:
U1 | Haltestelle Bärenschanze

Hinweise und Besonderheiten:
- o Sortiment: hochwertige Produkte zum Thema Baby, Bücher, Geburtstagsgeschenke, Frauenpower und ausgefallene Spiele.
- o Bestellungen sind per E-Mail (*info@fachmarie.de*) oder auch per Telefon möglich.
- o Anfahrt mit ÖPNV oder Fahrrad ist empfehlenswert.

Goldkind Laden

originell, individuell und kunterbunt

Austraße 26, 90429 Nürnberg, Gostenhof

www.gold-kinder.de | *0911 27786358*

Öffnungszeiten:
Mi – Fr 11 - 18 Uhr | Sa 11 - 14 Uhr

Anfahrt:
U1 | Haltestelle Gostenhof
S1 | Haltestelle Rothenburger Straße

Hinweise und Besonderheiten:
- o Sortiment: ausgefallene Geburts- und Taufgeschenke sowie nachhaltige Spielwaren.
- o der Laden ist zur Adventszeit auf dem Christkindlesmarkt mit vertreten.
- o Anfahrt mit ÖPNV oder Fahrrad ist empfehlenswert.

Gruber

die Kinder- und Jugendschuhspezialisten

Theatergasse 11, 90402 Nürnberg, Lorenz

www.dr-gruber-schuhe.de | *0177 7178128*

Öffnungszeiten:
Di – Fr 10 - 18 Uhr | Sa 10 – 14 Uhr

Anfahrt:
U1 | Haltestelle Lorenzkirche

Hinweise und Besonderheiten:
- o   kleines Schuhgeschäft mit vielen Marken.
- o   Parkmöglichkeiten z.B. im Parkhaus Katharinenhof.

Lysou

organic, fair & fabulous

Ob. Wörthstraße 7, 90403 Nürnberg, St. Johannis

www.lysu.de | *0911 89310390*

Öffnungszeiten:
Di - Fr 10 – 16 Uhr | Sa 10 – 16 Uhr

Anfahrt:
U1 | Haltestelle Lorenzkirche

Hinweise und Besonderheiten:
- o   Sortiment: Kinder- und Babykleidung, welche aus umweltschonender Produktion stammen, ökologisch sauber und natürlich fairtrade sind.
- o   Parkmöglichkeiten z.B. im Parkhaus Hauptmarkt, Adlerparkhaus.

Smyths Toys Superstore
meterlanghohe Regale mit vielseitigem Spielzeugwaren
Äußere Bayreuther Straße 78, 90491 Nürnberg
Öffnungszeiten:
Mo – Sa 9:30 - 20 Uhr
Anfahrt:
U2 | Haltestelle Nordostbahnhof

Hinweise und Besonderheiten:
- o Sortiment: breites Angebot an Spielzeug, Babyartikel (Kinderwagen, Autositze, …), Gaming und Outdoor (Gartenspielzeug, Fahrräder, …).
- o das Parkhaus im Einkaufszentrum Mercado ist in der 1. und 2. Stunde kostenfrei.

travel & treck kids
rundumpaket für das Outdoorleben mit Kindern
Krebsgasse 7, 90402 Nürnberg, Lorenz
www.travelundtreck-kids.de | *0911 23587172*
Öffnungszeiten:
Mo – Sa 10 - 18 Uhr
Anfahrt:
U1 | Haltestelle Lorenzkirche
U2+U3 | Haltestelle Opernhaus

Hinweise und Besonderheiten:
- o Sortiment: Kinderkleidung, Kinderaccessoires, Kindertragen, Laufräder, Spielsachen, Outdoor-Kinderwägen, Mamajacken und jede Menge Zubehör für alle Jahreszeiten.
- o Parkmöglichkeiten z.B. im Parkhaus Sterntor oder Parkhaus Jakobsmarkt.

Spielzeugkiste

Nürnbergs ältester Spielzeugladen am Trödelmarkt

Trödelmarkt 19, 90403 Nürnberg, Lorenz

0911 224832

Öffnungszeiten:
Di – Sa 10 - 18 Uhr
Anfahrt:
Tram 4 | Haltestelle Hallertor
Bus 36 | Haltestelle Weintraubengasse
U1 | Haltestelle Lorenzkirche

Hinweise und Besonderheiten:
- o Sortiment: hochwertiges Holzspielzeug, Handpuppen, Kinderzimmeraccessoires und Handgemachtes – oft mit pädagogisch wertvollem Ansatz.
- o Parkmöglichkeiten z.B. im Adlerparkhaus.

Spielzeugladen Pfiffikus

ausgefallene Geschenkideen mit hoher Qualität

Plobenhofstraße 1-9, 90403 Nürnberg, Lorenz

www.pfiffikus-spielzeug.de | 0911 241319

Öffnungszeiten:
Mo – Sa 10 -19 Uhr
Anfahrt:
U1 | Haltestelle Lorenzkirche

Hinweise und Besonderheiten:
- o vielfältiges und außergewöhnliches Sortiment an Produkten vom Säuglings- bis ins Schulalter.
- o das Augenmerk liegt in der Verkaufsware auf Nachhaltigkeit und Fair Trade Richtlinien.
- o du kannst auch im Onlineshop stöbern.
- o Parkmöglichkeiten z.B. im Parkhaus Hauptmarkt.

Werkstattladen

hochwertiges und originelles Holzspielzeug

Hans-Sachs-Gasse 5, 90403 Nürnberg, Lorenz

0911 2449629
Öffnungszeiten:
Di – Fr 11 - 15 Uhr | Sa 11 - 14 Uhr
Anfahrt:
U1 | Haltestelle Lorenzkirche

Hinweise und Besonderheiten:
- o Sortiment: vor allem Holzspielzeug und Kerzen, angefertigt von Menschen mit Beeinträchtigung oder gefertigt in traditionellen Familienbetrieben in Deutschland sowie innerhalb der EU.
- o Öffnungszeiten können zur Adventszeit abweichen.
- o Parkmöglichkeiten z.B. im Parkhaus Karstadt.

16.
Secondhand

Schönes muss nicht teuer sein

Der Kauf von Secondhandprodukten ist nicht nur eine nachhaltige Wahl, sondern bietet auch die Möglichkeit, Geld zu sparen und Einzelstücke zu entdecken. Egal, ob du auf der Suche nach Kleidung, Möbel oder deiner Babyausstattung für den Start ins Familienleben bist – die Welt der gebrauchten Waren hält viele Schätze bereit. Vor allem Kindermöbel und -kleidung sind oft in einem sehr guten Zustand, da dies durch das rasche Wachstum unseres Nachwuchses nicht lange benötigt wird. Egal ob Secondhand-Läden, Flohmärkte oder Gebrauchtwarenhöfe, so kannst du für dein Familienglück sparen und der Umwelt etwas Gutes tun.

Du kannst nicht nur selbst konsumieren, sondern auch Organisationen und Secondhand-Läden mit gut erhaltenen Sachspenden unterstützen.

Allgemeine Hinweise:
- o wenn es um den eigenen Nachwuchs geht, sollte auf den Zustand der Artikel besonders geachtet und kinderschädigende Mängel verhindert werden.
- o vor allem bei gebrauchten Spielzeugen und Textilien ist es wichtig, diese gründlich zu reinigen, bevor sie zuhause in Kinderhände gelangen.
- o bei Secondhand-Läden kann es hin und wieder zu abweichenden Öffnungszeiten kommen. Am besten informierst du dich vorab auf den sozialen Netzwerken nach aktuellen Öffnungszeiten.
- o zum Shoppen solltest du ausreichend Bargeld mit dabeihaben, da Kartenzahlung nicht in jedem Laden möglich ist.

Archeaktiv Nürnberg

Gebrauchtwarenhof mit großem Sortiment

Sigmundstr. 180, 90431 Nürnberg, Höfen

www.gebrauchtwarenhof.de | *0911 4008800*

Öffnungszeiten:

Mo – Fr 9 - 19 Uhr | Sa 9 - 16 Uhr

Anfahrt:

Bus 38 + Bus 73 | Haltestelle Virnsberger Str.

Hinweise und Besonderheiten:
- o Sortiment: Möbel, Haushaltswaren, Bücher, Kleidung, Spielwaren und vieles mehr.
- o Der Gebrauchtwarenhof spielt eine zentrale Rolle in der sozialen Integration und Unterstützung von Menschen, die mit besonderen Herausforderungen im Arbeitsleben konfrontiert sind.
- o mit deinem Einkauf oder auch Spende unterstützt du soziale Projekte (Spenden sind zu Ladenöffnungszeiten möglich).
- o Parkmöglichkeiten gibt es direkt vor Ort.

Latzhose & Co

einzigartige Schätze auf kleiner Fläche

Gebersdorferstr. 126, 90449 Nürnberg, Gebersdorf

www.latzhose-secondhand.de/ | *0171 7249196*

Öffnungszeiten:

Di & Fr 9:30 - 14 Uhr | Mi 15 - 18 Uhr | Do 9:30 - 13 Uhr | Sa 10 -12 Uhr

Anfahrt:

Bus 67 | Haltestelle Glafeystr.

Bus 69 | Haltestelle Hügelstr.

Hinweise und Besonderheiten:
- o Sortiment: Baby-/Kinderbekleidung, Spielsachen bis hin zum Ausstattungszubehör.
- o Kartenzahlung ist hier nicht möglich
- o Parkmöglichkeiten gibt es direkt vor Ort.

Bayrisches Rotes Kreuz

Große Auswahl und regelmäßige Flohmärkte

Sulzbacher Straße 42, 90489 Nürnberg, Wöhrd

www.kvnuernberg-stadt.brk.de | *0911 5301118*

Öffnungszeiten:

Mo – Do 9 - 17 Uhr | Fr 9 - 14 Uhr

Anfahrt:

Tram 8 | Haltestelle Stresemannplatz

U2+U3 | Haltestelle Rathenauplatz

Hinweise und Besonderheiten:

- o Sortiment: Möbel, Bücher, elektronische Geräte, Kleidung, Kinderspielsachen und vieles mehr.
- o in regelmäßigen Abständen findet ein Flohmarkt sowie auch ein spezieller Flohmarkt für Baby- und Kindersachen statt. Aktuelle Infos findest du immer auf der Homepage.
- o das Möbellager, der Kleiderladen und der Bücherladen haben jeweils einen separaten Eingang.
- o Parkmöglichkeiten gegen Parkgebühr gibt es vor Ort.

Secondhand Räuberkiste

Wohlfühlatmosphäre auf kleiner Fläche

Johannisstraße 112, 90419 Nürnberg, St. Johannis

015157403216

Öffnungszeiten:

Mo – Fr 12 - 18 Uhr

Anfahrt:

Tram 6 | Haltestelle Julienstr.

Hinweise und Besonderheiten:

- o Sortiment: Kleidung für Damen und Kinder, Spielsachen und vieles mehr.
- o du findest wenige Parkmöglichkeiten vor Ort.

Vinty's Secondhand Mode

der Ort für Vintageliebhabende

Fürther Str. 74/76, 90429 Nürnberg, Gostenhof

0911 92919439

Öffnungszeiten:

Di – Sa 11 - 18 Uhr

Anfahrt:

U1 | Haltestelle Bärenschanze

Hinweise und Besonderheiten:

- o Sortiment: Kleidung für Erwachsene und Kinder, Fairtrade-Produkte und Getränke.
- o jeden Monat gibt es neue Specials wie z.B. Trachten, Abendmode und Accessoires.
- o du findest wenige Parkmöglichkeiten vor Ort.

Ziegelsteinchen Secondhand

das Rundumpaket für werdende Mamas

Bierweg 29, 90411 Nürnberg, Ziegelstein

www.ziegelsteinchen.de | 0911 5866815

Öffnungszeiten:

Di & Do 14 - 18 Uhr | Mi 9 - 14 Uhr | Fr 10 - 15 Uhr | Sa 10 - 13 Uhr

Anfahrt:

U2 | Haltestelle Ziegelstein

Bus 22 | Haltestelle Heroldsberger Weg

Hinweise und Besonderheiten:

- o Sortiment: hochwertige Bekleidung sowie Spielsachen und Zubehör für Babys, Kleinkinder und werdende Mütter.
- o es gibt Ausleihmöglichkeiten, wie Reisebetten, Buggy, Hochstühle, Autositze & Babyschalen.
- o Parkmöglichkeiten findest du direkt vor Ort.

Flohmarkt

Es gibt ein breites Angebot an Flohmärkten und Basaren in der ganzen Stadt verteilt. Von kleinen Hofflohmärkten bis hin zum großen traditionellen Trempelmarkt.

TREMPELMARKT

Der Trempelmarkt ist ein besonderer Markt, der jährlich jeweils an einem Wochenende im Mai und im September in der Nürnberger Altstadt stattfindet.
Das Besondere? - rund 600 Händlerinnen und Händler, darunter professionelle Geschäftsleute, viele private Personen und auch Kinder versammeln sich hier, um ihre Schätze zu verkaufen. Es gibt ein großes Angebot, Raritäten, Schnäppchen verbunden mit guter Laune. Alles, was das Herz begehrt. Der Markt beginnt Freitagnachmittag, geht bis Mitternacht und endet am Samstagabend. Für Kinder und Jugendliche gibt es im Schmuckhof und am Fünferplatz zwei eigene Bereiche. Dort können die Kleinen ohne Anmeldung auf jeweils einem Quadratmeter Spielzeug und Kleidung verkaufen. Platzvergabe für die anderen Stände findet online statt.

HOFFLOHMARKT

Die Hofflohmärkte sind eine Besonderheit in Nürnberg. Das begann 2010 in St. Johannis und Gostenhof und hat sich schnell über die ganze Stadt in den Stadtteilen verbreitet. Familien und Hausgemeinschaften öffnen für einen Tag die Türen zu Hinterhöfen und geben einen Einblick in meist verborgene Gärten und Hinterhöfe. Für die einen ist es ein Entrümpeln der eigenen vier Wände und für andere ist es ein toller Familienausflug mit dem Laufrad und das Finden von Schnäppchen und Schätzen. Schon im Frühjahr beginnen die ersten Stadtteile mit ihren Märkten.
Die aktuellen Termine sind unter der Website www.nürnberg.de, im *Amt für Kultur und Freizeit* (KUF) zu finden.

KINDERBASAR

Auch Flohmärkte von Familien für Familien gibt es in Nürnberg zu jeder Jahreszeit. Um auf den aktuellen Stand zu bleiben, kannst du Termine für Kinderbasare, Kindertrödel und Baby-Flohmärkte für Nürnberg unter anderem auf der Homepage des Elternmagazins ELMA (*www.elternmagazin.info/basare*) erfahren sowie in den Veranstaltungseinträgen von frankenkids (*www.frankenkids.de*) oder bei der großen Kinderbasarsuche (*www.kinderbasar-online.de*).

17.
Anmeldung KiTa
&
Schule

Wenn du dein Kind in der Krippe, Kindergarten, Grundschule oder Kinderhort anmelden möchtest, musst du einige Dinge beachten und solltest wichtige Deadlines nicht vergessen. Unter anderem wie folgendes:

KINDERTAGESEINRICHTUNG

In Nürnberg gibt es fast 500 Kindertageseinrichtungen mit insgesamt beinahe 30.000 Plätzen (Stand 2024).
Zur Anmeldung in der Kinderkrippe, Kindergarten und Kinderhort ist es empfehlenswert, sich bei dem *KiTa-Portal Nürnberg* anzumelden und eine Übersicht zu bekommen. Du beziehst in dem Portal alle wichtigen Informationen über Wunsch-Einrichtungen und kannst dich mit Prioritäten anmelden.

Hinweise und Besonderheiten:
- o Betreuungsplatzvergabe für das neue Kita-Jahr (in der Regel ab September) ist jeweils im Februar.
- o Melde dich am besten im November/Dezember für das Folgejahr an.
- o es gibt keine Zuweisung von Betreuungsplätzen durch das Jugendamt.
- o die *Servicestelle Kitaplatz* des Jugendamts berät und unterstützt (Dietzstraße 4, 90443 Nürnberg, telefonisch erreichbar: 0911/23110444)
- o Kita Portal Anmeldung:
  www.online-service.nuernberg.de/elternportal/de/
  www.servicestelle-kitaplatz.nuernberg.de

ANMELDUNG GRUNDSCHULE

In Nürnberg gibt es rund 50 Grundschulen. Zur Anmeldung an eine Grundschule sind Termine zu beachten und diverse Unterlagen vorzulegen. Es gibt unterschiedliche Regelungen, die hier nachzulesen sind:
www.nuernberg.de/internet/schulen_in_nuernberg/schulanmeldung.html

Einschulungstermin
In Nürnberg gibt es einen festen Einschulungstermin. Dieser wird jährlich in den Lokalnachrichten und im Internet veröffentlicht.
Schulpflicht
Alle Kinder, die mit Beginn des Schuljahres bis einschließlich 30. September sechs Jahre alt werden, sind schulpflichtig (frühzeitige Einschulung oder Zurückstellung ist möglich).
Schulsprengel
Ein Schulsprengel ist ein räumlich abgegrenztes Gebiet. Schülerinnen und Schüler der Grundschule erfüllen ihre Schulpflicht in der Schule, in deren Sprengel sie ihren gewöhnlichen Wohnort haben.
Die Kinder müssen somit zuerst bei der für sie zuständigen Sprengelschule angemeldet werden. Auf Antrag der Eltern kann aus zwingenden persönlichen Gründen der Besuch einer anderen Grundschule gestattet werden. Die Entscheidung über ein sogenanntes Gastschulverhältnis trifft die für die Sprengelschule zuständige Gemeinde im Einvernehmen mit dem Schulaufwandsträger der aufnehmenden Schule.
Aber Achtung:
Gastschüler, die auf Antrag der Eltern genehmigt wurden, sind nicht in die kostenlose Beförderung eingeschlossen, weshalb die Eltern selbst für die Transportmöglichkeiten kümmern müssen.

18.
Beratungsstellen

Dein Wegweiser in jeder Lebenslage

Nürnberg bietet eine Vielzahl von Beratungsangeboten für Familien an, um sie in unterschiedlichen Lebenslagen zu unterstützen und bei der Bewältigung individueller Herausforderungen zur Seite zu stehen.

Hier werden im Folgenden einige wertvolle Adressen zur kompetenten Hilfe und Beratung aufgelistet und nur deren Angebote grob überblickt. Wenn dich etwas anspricht, kannst du dich auf der jeweiligen Internetseite informieren. Die Beratungsstellen werden zum großen Teil gefördert oder sind auf Spenden angewiesen, sodass du ohne finanzielle Einbußen wertvolle Tipps und Informationen bekommst und begleitet werden kannst.

EVANGELISCHE FAMILIEN-BILDUNGSSTÄTTE

Leonhardstraße 13, 90443 Nürnberg, Gostenhof

Beratungsangebot:

- o Online-Kurse zu spannenden Themen im Familienalltag und in Beziehung zum Partner
- o Säuglings- und Kleinkindberatung
- o Erziehungs-, Paar- und Lebensberatung
- o Kurberatung und -vermittlung
- o Hilfsangeboten in seelischer Notlage

weitere Informationen auf der Internetseite:
www.fbs-nuernberg.de

PRO FAMILIA

Tafelfeldstr. 13, 90443 Nürnberg, Tafelhof

Beratungsangebot:

- Schwangerschaftsberatung
- Partnerschaftsberatung
- Sexualberatung

weitere Informationen auf der Internetseite:
www.profamilia.de/nuernberg

ZOFF UND HARMONIE

Vordere Sterngasse 1, 90402 Nürnberg, Lorenz

Beratungsangebot:

- o Angebot an Beratungen und Begleitung von Paaren
- o Förderung von Müttern und Väter in ihren Erziehungskompetenzen, allgemeine Familienberatung
- o Kursangebote für Eltern mit Babys und Kleinkinder

weitere Informationen auf der Internetseite:
www.zoff-harmonie.de

Elternsein
ist schwer -
Paar bleiben noch
viel mehr.

KINDERSCHUTZBUND

Rothenburger Straße 11, 90443 Nürnberg, Sündersbühl

Beratungsangebot:
- Unterstützung bei Erziehungsfragen in verschiedenen Sprachen.
- Gewalt gegen Kinder, sexuelle Übergriffe unter Kindern oder Jugendlichen, Kindeswohlgefährdung.

weitere Informationen auf der Internetseite:
www.kinderschutzbund-nuernberg.de

CARITAS

Tucherstraße 15, 90403 Nürnberg, Sebald

Beratungsangebot:
- psychische Beratung für Eltern, Kinder und Jugendliche
- Erziehungsberatung für Eltern.
- Gruppenangebote für Kinder und Präventivprogramme zur Förderung der frühen Bindung zwischen Mama/Papa und Kind.

weitere Informationen auf der Internetseite:
www.caritas-nuernberg.de/hilfe-beratung/kinder-jugendliche

STADTMISSION

Rieterstr. 23, 90419 Nürnberg, St. Johannis

Beratungsangebot:
- o Erziehungs-, Paar-, Familien- und Lebensberatung
- o Hilfsangebote für Eltern mit Nachwuchs im Säuglings- und Kleinkindalter, z.B. zu Schlafstörungen, Entwicklungsauffälligkeiten, Schulreife und Essverhalten.

weitere Informationen auf der Internetseite:
www.stadtmission-nuernberg.de/ich-brauche-hilfe/kinder-jugend-und-familie/erziehungs-paar-und-lebensberatung/

JUGENDAMT
Dietzstraße 4, 90443 Nürnberg, Tafelhof

Beratungsangebot:
-	Einzel-, Paar- und Familienberatung
-	Erziehungs- und Familienberatung in den Stadtgebieten verteilt.
-	Beratungsangebot bei Trennung und Scheidung.
-	auch telefonische Beratung möglich.

weitere Informationen auf der Internetseite:
www.nuernberg.de/internet/jugendamt/erziehungsberatung.html

AWO
Marientorgraben 9, 90443 Nürnberg, Gibitzenhof

Beratungsangebot:
-	Unterstützung von Familien von Schwangerschaft bis zum Kindergartenalter.
-	Angebote in verschiedenen Sprachen.

weitere Informationen auf der Internetseite:
www.awo-nuernberg.de/einrichtungen/elternbildungsprogramme

Es ist ein Wunder, sagt das Herz.
Es ist eine große Verantwortung, sagt der Verstand.
Es ist viel Sorge, sagt die Angst.
Es ist eine enorme Herausforderung, sagt die Erfahrung.
Es ist das größte Glück, sagt die Liebe.
Es ist unser Kind, sagen wir.
Einzigartig und kostbar!

19.
Förderungen für Familien in Nürnberg

Nürnberg Pass

In Nürnberg werden Menschen mit geringem Einkommen durch die Ausgabe des Nürnberg-Passes unterstützt. Mit dem Pass stehen insbesondere Kinder und Jugendliche im Fokus, um sie besser zu fördern und zu integrieren. Weitere Berechtigungen sind u.a. vergünstigter Eintritt bei einer Vielzahl von Angeboten, in den Bereichen Bildung, Kultur, Freizeit und Sport und im öffentlichen Nahverkehr.
Wie kommst du zu einem Nürnberg-Pass? Du musst Leistungsbeziehende des Kinderzuschlags, Wohngeldzuschuss oder auch empfangende Person des Bürgergeldes sein. Mit dieser Berechtigung kann beim Sozialamt (Amt für Existenzsicherung und soziale Integration – Bildung und Teilhabe) ein Antrag gestellt werden.

Kinderzuschlag

Neben dem regulären Kindergeld kann bei der Familienkasse Kinderzuschlag (online oder postalisch) beantragt werden.
Voraussetzung: es handelt sich dabei um ein unverheiratetes Kind bis 25 Jahre, lebt im familiären Haushalt und das Einkommen überschreitet eine gewisse Mindestgrenze nicht.

Zentrum Bayern Familie und Soziales (ZBFS)

Das ZBFS ist die zentrale Stelle für das Elterngeld, unterstützt auch Familien mit Krippengeld bei einer bestimmten haushaltsbezogenen Einkommensgrenze.

20.
Wickeln
und Stillen

WICKEL- UND STILLMÖGLICHKEITEN

Um die Innenstadt so familienfreundlich wie möglich zu gestalten, gibt es Möglichkeiten sich mit dem eigenen Baby und Kleinkind zurückziehen zu können, um zu wickeln oder auch zu stillen.

Baby Walz
Vordere Ledergasse 16-20, 90402 Nürnberg, Lorenz
<u>Öffnungszeiten</u>: Mo – Sa 10 - 19 Uhr

dm
Karolinenstraße 5, 90402 Nürnberg, Lorenz
<u>Öffnungszeiten</u>: Mo – Sa 10 - 20 Uhr

Karstadt
Königstraße 14, 90402 Nürnberg, Lorenz
<u>Öffnungszeiten</u>: Mo – Sa 9:30 - 20Uhr

Kulturwerkstatt auf AEG
Fürther Str. 244d, 90429 Nürnberg, Muggenhof
<u>Öffnungszeiten</u>: Mo – Fr 9 - 21 Uhr | Sa 18 - 23 Uhr

Thalia
Karolinenstraße 53, 90402 Nürnberg, Lorenz
<u>Öffnungszeiten</u>: Mo – Sa 10 - 20 Uhr

Kaiserburg Nürnberg
Burg 13, 90403 Nürnberg, Sebald
<u>Öffnungszeiten</u>: April bis September täglich: 9 – 18 Uhr
Oktober bis März täglich: 10 – 16 Uhr

Rathaus Stadt Nürnberg

Hauptmarkt 18, 90402 Nürnberg, Sebald

2. OG und Behindertentoilette EG

Öffnungszeiten: Mo – Do 8 - 17 Uhr | Fr 8 - 14 Uhr

Nachbarschaftshaus Gostenhof

Adam-Klein-Straße 6, 90429 Nürnberg, Gostenhof

Öffnungszeiten: Mo – Fr 9 - 22:30 Uhr |

Sa 10 - 22:30 Uhr | So 10 - 21 Uhr

Krankenhaus

In den Nürnberger Krankenhäusern gibt es auch die Möglichkeit zu wickeln.

RÜCKZUGSORTE

Es gibt zudem weitere Orte in der Altstadt, an denen du dich kurz zurückziehen kannst, Ruhe für dich und dein Baby findest:

Uferpromenade Insel Schütt
Hintere Insel Schütt, 90403 Nürnberg, Lorenz
gemütliches Sitzen, kombiniert mit einem tollen Ausblick auf die Pegnitz (siehe Bild).

Innenhof am Hauptmarkt
Stillen am Hauptmarkt, am Innenhof hinter dem Fachgeschäft Pfiffikus.

Trödelmarkt mit der Spitze der Liebesinsel

Schleifersteg, 90403 Nürnberg, Sebald

Am Trödelmarkt gibt es einige Möglichkeiten sich kurz auf der Parkbank niederzulassen.

Nonnengasse

Steil führt die schmale Nonnengasse vom Lorenzer Platz hinunter zur Pegnitz. Fast unten angekommen, kannst du dich auf den Bänken zwischen Blumen und Bäumen kurz ausruhen.

Nägeleinsplatz

Nägeleinspl., 90403 Nürnberg, Lorenz

Hier kannst du auf Sitzstufen und Steinen direkt am Wasser sitzen oder – etwas bequemer – auf einer der Sitzbänke auf dem Platz und inmitten von Bäumen und Blumenwiesen die Aussicht genießen und Stillen oder einfach eine Pause einlegen.

Stadtkarte

Nürnberg hat eine Fläche von 186,46 km² und wird in
10 Stadtteile in Bezirken unterteilt.

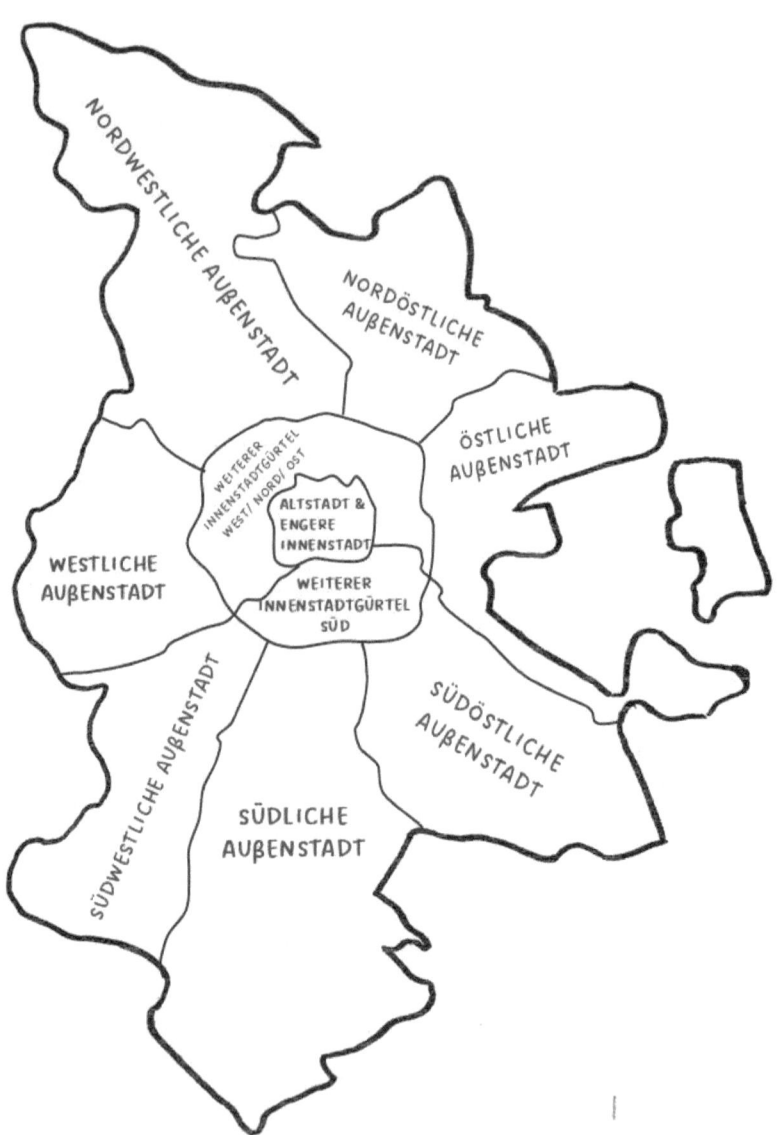

Altstadt & engere Innenstadt

Altstadt, St. Lorenz
Marienvorstadt
Tafelhof
Gostenhof
Himpfelshof
Altstadt, St. Sebald
St. Johannis
Pirckheimerstraße
Wöhrd

Weiterer Innenstadtgürtel Süd

Ludwigsfeld
Glockenhof
Guntherstraße
Galgenhof
Hummelstein
Gugelstraße
Steinbühl
Gibitzenhof
Sandreuth
Schweinau

Weiterer Innenstadtgürtel

St. Leonhard
Sündersbühl
Bärenschanze
Sandberg
Bielingplatz
Uhlandstraße
Maxfeld
Veilhof
Tullnau
Gleißhammer

Südwestliche Außenstadt

Hohe Marter
Röthenbach
Eibach
Reichelsdorf
Krottenbach, Mühlhof

Südöstliche Außenstadt

Dutzendteich
Rangierbahnhof-Siedlung
Langwasser
Beuthener Straße
Altenfurt Nord
Altenfurt, Moorenbrunn
Gewerbepark Nbg

Südliche Außenstadt

Hasenbuck
Rangierbahnhof
Katzwanger Straße
Dianastraße
Trierer Straße
Gartenstadt
Werderau
Maiach
Katzwang, Reichelsdorf Ost,
Reichelsdorfer Keller
Kornburg, Worzeldorf

Westliche Außenstadt

Großreuth bei Schweinau
Gebersdorf
Gaismannshof
Höfen
Eberhardshof
Muggenhof

Nordwestliche Außenstadt

Westfriedhof
Schniegling
Wetzendorf
Buch
Thon
Almoshof
Kraftshof
Neunhof
Boxdorf
Großgründlach

Nordöstliche Außenstadt

Schleifweg
Schoppershof
Schafhof
Marienberg
Ziegelstein
Mooshof
Buchenbühl
Flughafen

Östliche Außenstadt

St. Jobst
Erlenstegen
Mögeldorf
Schmausenbuckstr.
Laufamholz
Zerzabelshof
Fischbach
Brunn

VERZEICHNIS